书单思维

何婕 —— 著

华东师范大学出版社

图书在版编目（CIP）数据

书单思维 / 何婕著 . —— 上海：华东师范大学出版社，2019
ISBN 978-7-5675-9029-8

Ⅰ.①书… Ⅱ.①何… Ⅲ.①读书笔记 – 中国 – 现代 Ⅳ.① G792

中国版本图书馆 CIP 数据核字 (2019) 第 044693 号

书 单 思 维

何婕 ———— 著

责任编辑	顾晓清
项目编辑	曹婷婷
装帧设计	卢晓红

出版发行	华东师范大学出版社
社　　址	上海市中山北路 3663 号　邮编　200062
网　　址	www.ecnupress.com.cn
邮购电话	021 – 62869887
网　　店	http://hdsdcbs.tmall.com/

印 刷 者	常熟市文化印刷有限公司
开　　本	787×1092　32 开
印　　张	6.5
字　　数	99 千字
版　　次	2019 年 4 月第 1 版
印　　次	2019 年 4 月第 1 次
书　　号	978-7-5675-9029-8/G.11973
定　　价	39.80 元

出 版 人　王　焰

（如发现本版图书有印订质量问题，请寄回本社市场部调换或电话 021-62865537 联系）

目录

《北极梦》：对遥远北方的想象与渴望 / 1

《暮色将至》：那个叫"命运"的家伙是谁 / 10

《孤独的城市》：孤独中生出治愈的力量 / 17

《故宫物语》：关于故宫的历史钩沉 / 29

《理解一张照片》：读那可以读到的 / 38

《梅奥住院医生成长手记》：尊重人生 / 47

《美丽的标价》：模特行业的规则 / 54

《美丽与哀愁》：第一次世界大战个人史 / 63

《明年更年轻》：让老年不老 / 77

《魔灯》：童年光影下的人生 / 86

《陌生人溺水》：行善的边界在哪里 / 97

《莫斯科绅士》：站在历史洪流中 / 105

《母爱的羁绊》：家庭的灵魂是母亲 / 114

《如父如子》：为人父是非你不可的工作 / 123

《微观国学》：经典的光亮 / 134

《香港假日》：明天是新的一天 / 142

《香港重庆大厦》：世界中心的边缘地带 / 151

《羊与钢的森林》：穿越迷途的那条路 / 162

《异域的迷宫》：梦的入口与出口 / 171

《永生的海拉》：现代生物医学背后的名字 / 182

《阅读是一座随身携带的避难所》：生命之美 / 188

《古代风俗百图》：回望来时路 / 194

后记 / 203

> 在阿纳克图乌克帕斯,我问一个男士:你造访一个新地方通常会做些什么啊?他回答说:"我就是倾听。"没有别的。

《北极梦》:
对遥远北方的想象与渴望

北极到底有多广袤?没去过北极的人,很难体会那里的"一望无际"。打个比方,北极的面积跟中国的面积不相上下,人口却只有西雅图那么多(600万左右)——想象一下,这是一片多么辽阔而安静的土地。《北极梦》是美国著名自然散文作家巴里·洛佩兹在深入北极地区生活五年的基础上写成的,他写下了北极生活片段以及北极的边边角角,还有几百年来人们在北极的各种活动。这部作品,就像是北极的地理志与编年史。

巴里·洛佩兹语言优美，他笔下不仅有北极独特的动植物与气质风光，更有对北极这片土地的深情。有时，我甚至觉得他对北极充满感情的抒写，过于反复咏叹，但也理解，那种对北极的爱与敬畏，弥漫在每一个句子里。

对于一个曾经"遗世而独立"的地方来说，人类仿佛只有以匆匆过客的身份出现才适当，然而，逐渐增多的开发打破了北极的平静。刚开始的变化，可能还只是"点和线"，但是随着开发力度加大、到来的人越来越多，当地的生态以及原有的社会文化受到的影响愈发强烈。而如果人们意识不到自己对北极的干扰甚至"破坏"，属于北极的平静只会越来越稀罕。

在西方文明的早期历史中，位于最北端的这片地区被认为位于北斗星的下方，所以希腊人把这里称作"大熊的国度"。人类在其他地方生活所积累起来的天象经验，在北极通通都要作废，因为"在极北地区的冬天，太阳在南方缓缓露面，几乎又从同一地点消失，就像鲸鱼跃出水面，迅疾又落入水中，太阳从东方升起，在西方落下的观念在这里并不适用"。巴里·洛佩兹花了很长时间才习惯——在这里，任何的出发，都是向南。

北极缺光、缺温、缺水，所以这里的万物生长呈现出独有的特色：这里没有高大树丛，极目所见只是浅浅的苔原和矮矮的树木，然而，能够在北极活下来的，生命力都极其顽强。据说随便找一棵树，哪怕是一棵没有手指头粗的树，展开横切面，你都能在放大镜下看出200个年轮。但其实，这里是地球上最为年轻的生态系统，它的年龄也只有1万岁，如果我们把远古的人类算在人类历史里面的话，恐怕连人类文明的历史都比北极生态系统的历史要长。

再跟着巴里·洛佩兹来认识北极独特的动物吧。

麝牛是北美冰河期幸存下来的少数动物之一，其他同时间的同伴，像猛犸象、北美骆驼什么的都已经灭绝了，而麝牛之所以能够繁衍下来，显然是因为它们适应了北极苔原上的生存方式。麝牛跟中国有着久远的联系。它存活到现在唯一的近亲，是生活在西藏北部的羚羊，所以，想想藏羚羊的样子，你就可以大体得出麝牛的形象。据说，当年在中国西北部高原的麝牛，极有可能是在白令海峡还是陆地的年代，经过白令海峡迁徙到北美，而后又从北美一路向北，最终到达北极。在漫长的历史年代,这些动物穿越如此漫长的地平线,从地球某处走到另一个遥远的地方,跟它们的近亲遥遥相望,实在很神奇。

研究者说,夏天,麝牛所在的原野很美,那个时候"风吹薄雾,笼罩湖泊,水面湛蓝,千鸟长鸣"。在某个时刻,人们可以看到一群麝牛在远处吃草,沙丘鹤静静站着,不远处,几只驯鹿也在吃草,河谷寂静,河流蜿蜒,绿色草甸就在远方……时间在这一刻仿佛停止,"就是天堂也比不过这里"。然而麝牛现在所剩无几,如果再不保护它们,这样美丽的景致也许就不复存在。

说说北极熊。北极熊知名度很高,那么它给你的印象是凶狠还是温顺,或是优雅?巴里·洛佩兹说,作为体型相对庞大的北极动物,它在自己领土上的气度,令人着迷——北极熊走起路来,仿佛整个北极都是属于它们的。当发现被人注视时,北极熊会在水里转过身,傲然回望,然后优雅而有力地跃上浮冰,再将整个身体滑入水中,潇洒离去。整个过程,行云流水。很难想象如此庞大的身躯如何做到这样的敏捷,一部分原因,可能是自信使然,因为这里是它的家,有天然的放松。何况,它是温顺的,没有明显的攻击倾向。

此外,北极熊还是一个做洞的高手。它们做的洞,空气流通、温度恒定,非常厉害,所以爱斯基摩人把北极熊称作"非凡漫游者"。他们认为,不管是陆地还是海洋,都没有办法阻止北极熊在冰天雪地里拥有一个让自己舒适的家,更能为下一程"非凡漫游"做准备。事实上,爱斯基摩人跟北极熊的关系特殊,他们彼此是对手,就像高手之间的关系,彼此畏惧,但又彼此尊敬。爱斯基摩人从北极熊身上学到很多,比如,捕猎的方式,建造房屋的方式。可以说,爱斯基摩文化对北极熊的生活有"艺术性"和"哲理性"的再现。

巴里·洛佩兹还介绍了北极独有的一种非常优美的动物:独角鲸。《北极梦》这本书没有插图,所以我自行搜索独角鲸的照片,久久凝视,它们长得太特别了。

独角鲸长时间生活在水下,即便是夏季,人们也很难接近它们。它们喜欢成群活动,像一个整体在水面倏忽消失,又突然出现。巴里·洛佩兹他们的飞机在独角鲸上方一圈又一圈地盘旋,但直到它们潜入冰下,他们都没能看清独角鲸的真面目——"人们对独角鲸的了解,还没有对土星环的了解多"，但是第一次看见独角鲸的感受，却牢牢留了下来，"好像动物寓言集里的某个形象走进了现实；也好像第一次看到长颈鹿；又好像是一个令人将信将疑的说辞，或一个太牵强的故事，顷刻之间就被活生生的事实证实了"。

因为独角鲸的牙和皮对一些人来说具有独特的价值，所以它们在北极地区遭到猎捕的危险很大。在中世纪的欧洲，人们曾经把独角鲸的长牙当成非常珍贵的东西。他们捕到独角鲸之后，将长牙切分成碎片来进行买卖，据说价格相当于黄金的20倍。在威尼斯的圣马可大教堂，人们至今还可以看到两根来自独角鲸的长牙。

去年夏天，北极地区受高温影响，有的冻土层甚至都化了，我担心巴里·洛佩兹钟爱的那个北极是否还能葆有原来的样子。其实北极除了体型庞大的动物外，还有很多体型娇小、"闪耀着生命之光"的生物，比如雪雁、北极狐、雷鸟、野兔、苔原灰熊、狼獾、地松鼠……他视它们为朋友。他曾说："哪怕是一群麻雀飞过广场，都能够让人感受到生命的力量，而在北极看到雪雁从湖面上飞起，飞入蔚蓝的天空，那又是怎样的体会？"

北极动物面临的一个重大问题是迁徙。北极的冬天寒冷而漫长，很多动物不得不离开，而迁徙的过程要在为数不多的几个月里完成。像雪雁这样的迁徙动物，通常在它们感受到水中开始有生命活跃、苔原上的空气变得温和，也就是说，事实上北极的冬天还没结束的时候，就到北极了。它们能在短短几周之内穿越几百甚至几千英里来到这里，生养下一代，然后在第一场暴风雪到来前的黄金时光中，准备接下来的南下旅程。如此往复，一年又一年。在喜爱北极的人们眼中看来，动物的迁徙就像是北极这片土地的呼吸，春天大量地吸入光和动物，夏季长时间地屏住呼吸，而秋季则是一直呼气。

说北极，不能不说北极光。亲眼目睹的感受无可替代。巴里·洛佩兹第一次看到北极光是在西雅图飞安克雷奇的飞机上，他看到北极光在移动，"光线很淡，就像长长的旗帜，在雪白的山脉上空，横向展开……仿佛是太极拳练习者的运动姿势，优雅内敛，向外舒展"。每个人看见极光都会心头震颤，但是都很难用语言来形容，因为无论是怎样的语言都无法形容极光，更无法形容心中的激动："感到有一种能抚慰人心的精神力量在蔓延。"

如是这般,我虽然没去过北极,但读完《北极梦》后,仿佛自己也成了一位北极的"漫游者",随着巴里·洛佩兹上天入地;与此同时,也能理解他对北极的担忧:北极的生态系统虽然年轻,但自有规律,如果没有人类的介入,这里的独特性将更加持久。

北极的生态系统是脆弱的,这里虽然每个物种数量很多,但是一旦遇到对某一物种有根本影响的危机,就会面临灭顶之灾。巴里·洛佩兹不断反思西方世界在这里开采石油的行为,各种设施、钻井架、矿区,与北极的野性放在一起,"眼前没有哪些事物与其他事物是和谐的"。只要有越来越多代表着现代化与力量的建筑构造在北极出现,它们与北极原有生态之间就很难和谐。

一批又一批的人到了北极——最初是探险家;后来有了勘探者、开发者;再后来有了普通游客——到北极,有人是为了物质、金钱、资源,也有人是寻找另一种生活的可能。无论哪种人,到了北极,都会被北极深深震撼,从而在离开北极时,不同程度地被北极改变。身处一个跟以往熟悉的生态系统完全不一样的地方,人们很难不去思考一个问题:人类到底应该怎样跟一片新的土地相处?

有一天,巴里·洛佩兹在冰上漫步,想起了中国传说中的一种动物:麒麟。"麒麟从来没有商业价值,没有一种药物是用麒麟身体的一部分制成的;麒麟为自身而存在,而不是为医疗、致富、娱乐,乃至启迪人类而存在。""麒麟就在我们心中,像一束光一样,使我们的心境顿时澄明起来。"中国传统文化中最被人喜欢的吉祥神兽与北极命运在此刻有了奇妙的关联:人类终须克服对大自然的恐惧和不信任,终须战胜只为自己的利益而控制大自然的欲望。

> 许多人穷其一生让自己防备生命是一场闹剧的想法。我认为,最好不要试图阻碍这些冲突……当你积极而自觉地面对它们的时候,你可以从中获得巨大的能量。对我而言,写作就是一种尽最大可能去关注的方式。

《暮色将至》:
那个叫"命运"的家伙是谁

作家与艺术家在作品里控诉死亡、对抗死亡,无数人从中寻找共鸣,汲取力量。当他们自己最终不得不面对死亡的时候,在想什么?他们真正的态度是什么?这番态度的背后是一往无前的决定,还是左右摇摆的慌张?

《暮色将至》是凯蒂·洛芙的作品,另外一个译法是"不要静静走入长夜",书名取自托马斯的同名诗篇《不要静静走入长夜》(或译《不要温和地走进这个良夜》)。作者梳理了大量资料,呈现苏珊·桑塔格、弗洛伊德、约翰·厄普代克、迪伦·托马斯、莫里斯·桑达克等人，如何面对死亡。有慌张，有无奈，但他们依然表现出对死亡的无惧、豁达。

作家苏珊·桑塔格留给世人的文化形象，如果用一个词来形容的话，大概是"强悍"。在文学作品中，在生活中，她一直都在超越自己。她对"死亡"有过很多次论述，从不示弱。她也是众多艺术家中特殊的一位，特殊在于，在最后一次面对疾病挑战时，她已经积累了两次从疾病袭击下全身而退的经验。死亡，不是她的对手。

第一次是她四十多岁时，查出罹患晚期乳腺癌，连医生都不觉得她有任何希望，但是她活了下来。第二次是在六十五岁时，她诊断出子宫癌，在各种手术以及化疗之后，她依然活了下来。因为有这样的经历，她有了一种胆量，也有了一种傲气，她觉得对待疾病就像是解一道数学题，她甚至说，"我的身上微微闪烁着幸存的光芒"，注意，"微微"这个词其实透着无上的骄傲。她的朋友也说，"因为她这么强悍，因为她勇于对抗权威，所以她的直觉是要面对面与癌症抗衡"。苏珊年轻时曾经遭遇朋友自杀，她在文章里说，无法理解为什么会有人不愿意不择手段地设法活下去，而选择终结生命。

第一次患乳腺癌住院期间,苏珊依然写作,"临死真是一种不可思议的亢奋体验,如此有力量,简直让我吃惊","知道自己快要死了的感觉很奇妙",这不是浪漫,这是真的不怕。作为公共知识分子的桑塔格,从少女时期就开始拥有强大的自我,对于"平凡"始终保持着轻蔑。她蔑视强权,关心普通人的命运,反对歧视与压迫,她不仅在作品里这样,在生活中也是这样,所以当她遭遇死神挑战的时候,便以大无畏的精神面对它。她写下的关于疾病的思考,不是对于病床生活的回忆,不是那种软绵绵的个人体验,而完全是跳脱的知性思考。

但是,两次战胜疾病的经验,既是她的财富,也是她的负担。当得知她第三次罹患重病时,她身边的人发现,她这次的反应跟以往不一样了。

是保姆发现她身体出现了异常,背上满是淤青。发现生病后,她依然是积极的,把自己的家变成医学研究中心,查看医书,听取各种人的建议,接受各种资讯,她直面疾病,态度里也蕴含着抗争的信息。但其实只是在努力维持这种战斗力。她好几次对人说，我这次不再感到特别，我不觉得这次会幸运度过。中国人说事不过三，她可能也不敢相信命运的天平会一次次朝她倾斜，所以这一次她感觉到了恐惧，尽管态度依然积极，尽管依然不放弃、不投降，但明显地，她不喜欢独处，也不喜欢关灯，而喜欢人们"络绎不绝"地来到身边。是的，她需要安慰，需要陪伴：管家经常会被她的惊叫吵醒，有时候她也要求管家在客厅过夜，因为她不想独自一个人。

尽管如此，她的勇敢并没有退场，决定积极治疗。她先是接受了一段时间化疗，当意识到这不能帮她彻底解决问题的时候，她决定做骨髓移植。这绝对不是常人扛得住的治疗方案，更何况化疗已经使她身体亏虚，而且她已经是七十来岁的人。朋友说她不可思议，毫无疑问地，他们再一次震惊于她的勇气。

接受骨髓移植的苏珊·桑塔格，外形发生了很大的变化，朋友都禁不住潸然泪下，但这依然不能摧毁苏珊的信心。即便这一次理智告诉她，或许真的不行了，她内心还是有一个声音在说，也许这一次，依然不会。

那一天，还是来了。某一天，医生告诉她，移植失败，这意味着生命的终结，以更快的速度倒数。不知道苏珊是否从那一刻起，坦然接受了此番命运。接下来的日子里，她在医院里静静等待，该吃什么药就吃什么药，该干什么就干什么，看电影、看书、做笔记，一样不落，以至于人们困惑——她看上去正在好转。

尽管在最后的时光里已经痛苦不堪，苏珊·桑塔格还是用她强悍的方式，来处理死亡这件事情，那就是，尽管死亡碾压了一切求生的可能，但她选择不接受，即便死亡终将成为事实。她曾经写道，"我感觉自己身上覆盖了钢铁，让他们对我的身体做任何他们想做的事吧，我在这里而不是那里，有本事，就来抓我"。她还是将她的强悍，保持到了最后。

同样将强悍保持到最后的，还有弗洛伊德。这位一直用冷静的分析进入他人精神世界的强人，在生命的最后阶段，同样显示出不同寻常的顽强。甚至在身体极度疼痛的情况下，他都不愿意吃药，理由是，吃药会让他失去清晰思考的能力，而对他来说，这个能力太重要了，以至于有医生说，擅长给别人心理治疗的弗洛伊德自己才需要一种心理治疗，那就是，他必须学会妥协。

　　弗洛伊德用几十年的时间持续思考有关死亡的问题。他曾经遭遇爱侣早亡的打击，对死亡并不陌生，他知道死亡该来就来，无可躲避，既然如此，人不妨对死亡有所准备或者练习。或许因为有这样的良好心态，他"刻意"训练自己，方式之一，就是经常跟朋友说他就要死了，事实当然不是这样，而且越是这么说，越显得他不把死亡放在眼里，越是热爱生活，并为之忙碌。这可是弗洛伊德，那个用精神分析法解剖了全世界的人，他对待死亡的方式某种程度上与精神分析的名声是有密切关联的：坦然面对。

　　弗洛依德热爱生命。他跟一位诗人（曾经也是病人），保持着通信，这个病人送了他很多的花，他在信里对她说，"在我这个年纪，生活并不容易，但春天很美，爱也是"。

　　在生命的最后阶段，他始终坚持读报、听广播，了解战争的进程。尽管病中的他只能缠绵病榻，但他的眼界显然在千里之外。他与世界的联结从未中断，如果不是真爱，应该早就对外界无动于衷。只是，做好了准备，不代表内心毫无波澜。

　　弗洛伊德有条心爱的狗，平时总是跟他形影不离，在最后阶段，狗似乎都对他没有了兴趣，这让弗洛伊德深感惊慌，因为人类的取舍总会经过理性的权衡，而普通动物的爱与拒绝则简单得多。爱犬对他的疏离，就像是自然世界对他的疏离。当一个人感觉自己尽管充满理性，却被自然嫌弃的时候，伤害委实不轻。

但是这种内心波澜，他不会表现出来。他是那样严格控制自己，在死亡面前理所应当的愤怒或失控或黯然，在他这里都找不到。能观察到的，居然是他的"俏皮"。比如说，明明知道抽烟对康复有影响，但他始终在抽烟，或许对这个严谨、自律的人来说，抽烟这件事，是他留给自己的最后一个气口。

与苏珊·桑塔格相似，尽管遭受病痛的折磨，弗洛伊德从来没有停下工作，治疗过程中还在会见病人，"我唯一的真正的恐惧是有一天由于久病体弱而不能再工作"。对他们来说，工作与思考，是自我存在的证明。朋友说他最后的那段时间，就像是半死的火山，阴沉压抑，非常温柔，但温柔的背后是强大的力量。

"当一个伟岸的生命崩解，它必然是从一定的高度落下，它一定曾爬升到接近天空的高度。"

> 我不相信治愈孤独的方法就是遇见某个人。我认为它与两件事情有关：试着学会与自己友好相处，试着去理解很多表面看起来折磨着作为个体的我们的事情，其实是更大的污名和排斥的力量所导致的后果，我们可以并且应该对其进行抵制。

《孤独的城市》：
孤独中生出治愈的力量

感受孤独袭来，并不是稀有的体会。在城市里生活的人更是如此。尽管万家灯火，尽管熙熙攘攘，但你总觉得跟他们之间是有距离的。这种距离可能来源于自身不愉快的过往，也可能来源于你跟他们之间，不同的文化、不同的语言。

孤独的人生到底有无意义？我们究竟要如何面对孤独、解决孤独？有人陪伴，是不是就可以不孤独？当孤独有可能吞没你的生活时，你将如何自处？这些问题萦绕在很多人心里，只是每个人回答的方式不一样。有人背负着重重的问题前行，直至失去再多走一步的勇气；而有人努力寻找答案，突然有一天豁然开朗，发现自己已经闯过了黑暗的地带。

英国作者奥利维娅·莱恩为着追随一段感情，从伦敦到了纽约，但不久感情终结，她猝不及防地被抛进了孤独。在那段漫长的时光，她长夜不眠、痛苦、孤单，在城市行走，一心想解开心里孤独的结。她挣扎着一寸寸向前，追问有关孤独的一切。纽约是艺术的天堂，她于无所不在的艺术品的包围中，突然产生了好奇，那些给自己宽慰的、给自己隐形的拥抱的，或者是让自己更为痛苦甚至为之颤抖的艺术作品背后，又藏着怎样的灵魂？

《孤独的城市》是一部艺术评论，也是一部艺术家们的集体传记。在奥利维娅·莱恩的笔下，出现了艺术家霍珀、安迪·沃霍尔、大卫·沃纳洛维奇、亨利·达戈、克劳斯·诺米、乔什·哈里斯。他们的艺术作品，曾领一时风骚，作品与作者是城中热议的话题，在美国现当代艺术史上，都留下了自己的位置。但是无一例外地，他们的人生指向一个共同的词，就是"孤独"。在他们的作品里，破碎、空虚、极端，随处可见，在艺术呈现的背后，传达的是一种他们极度想要表达出来的情绪。

在很长一段时间里,奥利维娅·莱恩在纽约居无定所。她不停搬家,暂住在朋友家,或朋友的朋友家、熟人的熟人家,她只要有一个地方遮风挡雨,即便住在一个城市收容所里,周围全是形形色色看似"不安全"的人也能接受。在换过的一间又一间蜗居里,她不眠不休地看各种纪录片、艺术家的传记,探究他们背后的人生,也试图回答自己为什么会陷入如此孤独的境地。她听到简陋的公寓隔壁的噪音,听到远处教堂的钟声,听到呼啸而过的地铁。她只是纽约无数不眠者、无数等待天亮的孤独者中的一个。但她,也可能是最认真的一个。

安迪·沃霍尔最为人们熟知的就是那些丝网印刷的母牛像或者是梦露像,还有随机拍摄与剪接、异想天开的一些影视作品、纪录片。不喜欢的人用浮华、呆板、空虚来形容他的作品,喜欢的人自然喜欢得不得了。我曾在科隆的一家博物馆偶遇一幅他的作品,第一反应是,终于在文字之外,见到他的作品。

安迪敏感、内向、不善言辞,但他的工作空间却成了朋友们喜欢来的地方,他们在那里聊天、喝咖啡,而安迪·沃霍尔则拿着摄影机记录一切。那个工作空间太过容易进出,有一个反社会型人格的人,毫无征兆、不受阻拦地走进来朝安迪开了一枪。他在抢救室里已经心脏停跳,最后又奇迹般地被救了回来。尽管发生了这一切,他依然还在用他的方式表达艺术。他的那些纪录片试图表现人和人之间相处的随意,然而,在看似很容易发生的相处之间,也会存在巨大的、不能跨越的、理解上的鸿沟。他最终想说,正是这种鸿沟导致了孤独的感觉。

　　大卫·沃纳洛维奇最为著名的作品是他的兰波系列。兰波是一个始终戴着面具的青年男子,他出现在纽约的各个地方,穿行于各种人群。他始终不以真面目示人,只是躲在面具背后,深深地、谨慎地、带着疏离地看着这座城市。无论他穿过的人群有多庞大,兰波总是独自一人,与他周围的人格格不入。

　　如果说,艺术家的作品总是体现了艺术家本人的偏好,关于大卫·沃纳洛维奇的问题就是,为什么他的作品里,主人公总是戴着面具?为什么总是让自己跟现实世界隔一层?他设计出这系列作品的时候,才 24 岁,后来,他的作品涵盖了绘画、装置、摄影、音乐、电影、书籍和表演等,不管什么形态的作品,都在探寻一个主题,"联结与孤独",尤其关注"个体如何才能在一个敌对的社会,一个或许宁愿置他们于死地也不容忍他们的存在的社会中生存下去"。就像兰波走过的地方,从来都不是随机选择,而是大卫·沃纳洛维奇"在童年时期曾消磨过时间的地方,曾让我挨过饿、受过冻的地方,或是在某种程度上让我沉溺于其中而难以抽身离去的地方"。

亨利·达戈,是全世界最知名的域外艺术家。所谓域外艺术家,是指处于社会边缘的艺术家,他们从来没有受过艺术或者艺术史方面的教育,仅靠着天分进行自己的创作。

他留给世人大量的作品,包括 300 幅绘画和上千页的手写内容,而大部分画作描写的都是一个不真实的国度,一个有着延续性的"异世界"。亨利·达戈在世的时候,人们对他所知极少,他被世人所知是在他逝世之后。正因为如此,有人怀疑他有没有真正创作过这些作品。但是,奥利维娅·莱恩在他的日记和他的文字里,找到了他曾经创作这些作品的线索。唯一的问题只是,这样一个普通得不能再普通的人,在默默无闻的生活中,为什么会创造出大量的、从画面上看甚至是扭曲的作品?他在这些作品里到底想要表达什么?

是的,那些丝网印刷品,那些看上去毫无规则的剪接作品,那些戴着面具的艺术形象,那些表达不真实国度的作品,作者到底想在作品中说什么?

孤独感是什么?孤独感就像饥饿感,"就像你周围的每个人都准备好了,要去吃顿大餐,只有你还饿着肚子",你甚至为它感到"羞愧和惊慌"。心理学家认为,这种感觉源自某种亲密关系方面的缺失和不足,它的感情基调可以从"不适",发展到"长期难以忍受的痛楚"。

安迪·沃霍尔出生于一个移民家庭,他的父母移民到美国之后,始终没能流畅掌握英语。小时候的安迪因为说话有口音,经常受到同龄人的攻击。他的语言与外观形象,甚至是肢体上的不协调,都让他在朋友圈中深受孤立。他一直没能有良好的语言表达能力,成名后接受采访也常常是咕噜几句,很难听清。但他极度渴望被艺术世界接受。尤其当他成为一个波普艺术家之后,他果真赢得了很多人的喜爱。他之所以用丝网去印刷人像,把每一样东西进行重复生产,是想说,每一个人都应该与他人别无二致。这是一个在人群中因为自己的与众不同而遭受了太多敌意的人,才会发出的无奈的内心祈祷。

后来他习惯于躲在一台小小的摄影机后面来拍摄别人,对他来说,这个拍摄机器不只是工具,还是随从和伴侣,是保护自己、让自己隐形的一种途径,它的存在,构建出了把他人挡在一定距离之外的缓冲地带。

大卫·沃纳洛维奇出生在新泽西,从小就遭受父母的虐待。母亲很早离开了他们兄弟姐妹,孩子们经常挨父亲的打骂、罚站,有时夜里被叫醒,强制要求洗冷水澡,喝醉了的父亲还会对他们进行难以想象的虐待。后来他被送往了天主教学校,即便在那段时间里,厄运也从来没有消失。孩子们想去投奔母亲,但是母爱彻底缺位,她根本就不想管这些孩子——大卫·沃纳洛维奇连最渴望也理应是最后堡垒的母爱都求不到,最后只能选择从家里逃走。在他独自生活的阶段,他遭受过各种各样的威胁和伤害,他从未有过充足的睡眠,经常在屋顶上、在街角处,整夜整夜地蜷缩,等待阳光。

童年带给大卫的影响是巨大的,成了他一生都要背负的精神包袱。很多人在这种状况下会毁了自己,因为自己遭受的一切都仿佛在传达这样一个信息：你自己毫无价值。而如何才能在内心排山倒海的"你毫无价值"的呐喊中，重新站起来，创造一个新的自我，其实是非常困难的，无数人在这种声音里丧失自我，放弃生命。但是大卫找到了办法，他用拍照的方式，展示他眼中的世界，用照片去记录这个城市中见不得光亮的角落，去走少有人走过的路，在脚步与呼吸间，寻找自我疗伤的可能。大卫·沃纳洛维奇"一生中的大多数时间都在试着逃离这样或那样的孤独的拘禁，寻找一条从自我的牢狱中逃脱的路径"。

奥利维娅·莱恩为了写这些艺术家的故事，去寻访他们的旧居，探访他们的艺术博物馆，阅读他们曾经写下的手稿和日记。她说阅读大卫的日记，"就像是在水下潜没了很长一段时间后，浮上来呼吸一口空气，这个过程中没有付出的替代物，也没有爱的替代品"。这是可以承受多少孤独的人啊。

关于亨利·达戈到底出生于哪一天？没有人知道。他自己在日记中也没有过清晰的表述。他在日记中略过了母亲的死，而把重点放在与父亲的关系上。跟之前那些艺术家不一样，他跟父亲的关系不错。他的问题是，他们实在太贫穷，生活的重压沉沉压在他们身上,他找不到跟周围的同龄人相处的方式,久而久之,他失去了跟朋友相处的能力。他还是一个需要保护的未成年人,生活的重压却让他早早地学会负担自己的贫穷,负担自己的痛苦。

他曾经被送到收容所呆过一段时间,看到很多孩子在那里受到虐待、糊里糊涂丧生。对于儿童所遭受的痛苦,对于那些在成长期,受到家庭的忽视、受到整个社会忽视的孩子,他表达出了一种由衷的关怀,而这个关怀的外在,就是他那些异于寻常的画。

达戈跟邻居们很少说话,几乎没有什么人认识他,他最后一份工作是在天主教医院看门。直至他死了很长一段时间之后,他的房东请人去收拾那间屋子,才发现他留着的那些惊世画作,而他的艺术才华才被世人认识。

有个很有名的艺术装置作品叫作《异常的水果》,是费城艺术博物馆的永久性展品之一。它由302个橘子、葡萄柚、柠檬和牛油果组成,水果的果肉被吃掉了,外皮被风干,然后被用各种颜色的线重新缝合起来。创作它的艺术家说,最初只是吃了两个橘子,顺手无意识地把剩下的果皮给缝合了起来，然后她突然意识到，这可以是一件作品——很多人的生活，曾经被撕成碎片，但艺术家们通过创作，将心里的愤怒、悲伤、不自信表达出来，努力将自己拼凑起来，逃离自我毁灭的道路。这一切并不容易发生，一幅幅画作、一张张照片，都能看出挣脱与沉沦彼此拉扯的过程。

安迪·沃霍尔一生为语言表达所困，因而他始终关注人和人的交流，不管用怎样的艺术形态。他后来办了一本杂志《Interview》，在美国国内大名鼎鼎。这本杂志到2018年传出要破产的消息，传统媒体、尤其是纸媒的式微，是这些年的趋势，老牌杂志也不例外。不管怎样，《Interview》已经存世将近50年，他的创办者为那些需要被了解的人、希望了解别人的人，构造了一座桥梁，而这座桥梁，曾是他最渴望的东西。

而亨利·达戈曾经为他那些发生在"异常国度"的作品，写过一个儿童独立的宣言，他说，儿童的权利应该包括"去玩耍，感到快乐，去做梦，以及在夜里正常睡眠的权利，接受教育的权利，从而使我们能够获得同等的机会，去发展所有存在于我们的头脑和心灵里的品质"。

这是一段至今读起来都会让人眼睛发酸、心头一热的儿童宣言。当你想到写出这段话的是一个终生名不见经传、只是躲在自己的屋子里画了一张又一张奇异的画、想要用这些画来纾解自己内心的孤独和痛苦、想要用这些画来为跟曾经的自己一样痛苦的儿童呼吁的人，人们就会分外理解，其实所有的人，他们的艺术作品，他们的抗争，无非都是为了从曾经受过的伤害中逃离出来，用自己的创作把自己再缝合起来，成为一个，尽量成为一个完整的自我。

所以，在这些艺术家的作品里，尽管你看到的是破碎、孤独，极端的破碎、极端的孤独，但背后的呼吁，却是对光明的极度渴望。

奥利维娅·莱恩在写作《孤独的城市》这部书的过程中，重新找到了作为整体的感觉。她说，并不是因为她遇见了某个人，或者重新开始一场恋爱，而是她仔细地感受了那些艺术家的孤独的作品。通过对他们更加深入的了解，她突然明白，"孤独与渴望都不意味着一个人的失败，他们只不过是一个人活着的证明"，"重要的是善意，是相互支持。重要的是保持敏锐，始终敞开心扉"。

而最伟大的地方在于，很多人明知道自己承受着孤独，但依然在尝试与孤独同行，并且希望能在孤独的折磨中站起来，试图用作品治愈自己，最终也照亮别人。

> 文物有灵，文物会说话，每一件珍宝不仅有典故，更有其产生的时代背景，以及大环境下的颠沛流离和阴差阳错。

《故宫物语》：
关于故宫的历史钩沉

人们去台北旅游，很少有不去台北故宫博物院的。最有意思的是，你问台北居民，哪儿值得去看看，他们多半会推荐这家，但他们自己却很少去，对其带有一丝"复杂的情感"，而这种"复杂"，也是日本作家野岛刚在观察台北故宫博物院命运的时候，深深体会到的。

野岛刚因为工作关系长驻台北，多有机会走进台北故宫博物院，也曾以游客身份去过，看得多，感慨也多，于是开始写有关故宫的专著。《故宫物语》就是其中的一本，书中对台北着墨更多。

如果问你,台北故宫博物院最出名的展品是什么?你说得出的前三件里,大概总有一件是翠玉白菜。野岛刚在《故宫物语》里介绍他在台北看过的37件重要展品,第一件就是"翠玉白菜",不过他将它称为"人气之宝"。意思是说,这件展品从艺术性上来说,并不是巅峰之作,但从受欢迎的工艺性上来看,确实是件美丽的作品。

白菜利用翡翠的白绿两色,雕出浑然天成的一棵菜,上面还有螽斯与蝗虫,栩栩如生。很多人去台北故宫博物院是冲着翠玉白菜而去,所以说它是该院的流量担当,也不为过。不过我初见翠玉白菜的时候,却是惊讶,它怎么那么小!小时候在历史书上就看见它的照片,没想到真正的大小跟成年人的手掌差不多,这种想象与真实之间的落差,就像最初踏上这块土地的感受一样,是一种熟悉的陌生。

台北故宫博物院还有一件流量担当是肉形石,这块形似东坡肉的石头,总给大家一种感觉,生活与艺术真的可以合二为一。跟翠玉白菜一样,这块石头也是工艺性见长而艺术性次之,因此虽然大名鼎鼎,但与其他著名展品相比,衍生出的感慨却少。

要看台北故宫博物院的重要艺术品，自然不能错过那些代表中华文化艺术巅峰的书法作品。《兰亭序》、《寒食帖》、《快雪时晴帖》这些对于书法爱好者来说如雷贯耳的名字，便是台北故宫博物院的日常展品。

这些作品的魅力，不仅在于它们出自名家之手，更在于作品背后的故事。

大家都知道王羲之的《兰亭序》。王羲之是中国历史上最伟大的书法家，而《兰亭序》是他的重要作品之一，可惜他的所有作品都随着唐太宗去世一起埋葬到了地底下。台北故宫收藏的《兰亭序》是王羲之真迹的拓本，即便是拓本，因为临摹艺术的精妙，也拥有无法超越的艺术高度。日本奈良时代的遣唐使，曾经将大量王羲之的摹本带到日本，所以反而在日本有不少保存得很好的王羲之拓本作品。日本人所使用的平假名笔顺，就是模仿王羲之的字，可见他的字对日本文化的影响。

再比如说《寒食帖》，这是苏东坡写给朋友的信，彼时苏东坡遭遇贬官，处在半监视的状态下，精神非常郁闷。《寒食帖》中的字，刚开始小，随后越来越大，笔画越来越粗，仿佛作者的思绪情感无法压抑，不得不通过文字、笔触抒发。观者站在《寒食帖》前，看着这样一幅穿越时空的作品，想象那个书者的心情与生活情境，内心应该同样激荡。因为有文字，所以能勾连古今；因为有书法，得以透过文字想象作者更深刻的内心感受，这是书法作品独一无二的魅力。

除了书法作品之外，台北故宫博物院还收了很多绘画作品，如《富春山居图》和《溪山行旅图》。《溪山行旅图》最有意思的地方在于，乍一看画，只见高大的山脉而不见其他，但仔细看，会发现在高大的山脉下，走在山间小路上的两个旅人和四匹驮兽，大小很容易被忽略，而比他们更容易被忽略的，则是作者范宽的名字；这个名字藏在树叶之间，"事了拂衣去，深藏功与名"，中国文人的"隐者"心态，也在这幅画里体现得淋漓尽致。野岛刚看到过参观者拿放大镜细细地看这幅画的人物与落款，或许就在体会那种"隐"的味道。

如今"文创"二字遍地开花，但我最早被惊艳，就是在台北，那里的文创产品别具一格。人们依据故宫文物的样子做出各式各样的便携纪念品：《富春山居图》被做成了餐垫，

"翠玉白菜"成了一把伞，更不要说雍正的御批被做成了胶带——"朕知道了"那可是风靡一时。文物以这样的方式亲近民众，是让大家提升认知的最方便的桥梁。

台北故宫博物院的文物向来以精品多而著称，除了书法作品之外，国宝级的文物还有很多，比如青铜器毛公鼎，比如青瓷无纹水仙盆。后者是现存于世的汝窑文物中公认最好的一件。歌词有云"天青色等烟雨，而我在等你"，这件文物，就完美地展现了什么叫作"天青色"，这是一种带着白色的蓝，自汝窑之后，世间再也做不出这样的青。所谓"雨过天青云破处"，有的颜色，只在中国人的意韵中，在历史中，在文化中，这种共同的认知与审美，恰恰是文化共通的部分。

野岛刚说，故宫收藏的最大特点就是连续性，从连续性的角度来看，故宫的收藏是世界最高等级的。这些文物渊源可以追溯到五千年前的文物，也有三千年前祭祀用的青铜器，有历朝历代皇帝的收藏，也留下了体现东西方文化交融的艺术珍品。

很多文物能够产生或保存下来，乾隆皇帝功不可没。他自诩为十全老人，但最重要的是，他是一个充满好奇心、拥有向上精神的人,"他的超人梦想也特别体现在艺术和文化理念上"。乾隆特别仰慕《清明上河图》,因为没有看到过《清明上河图》的原版而感到遗憾,就让人画了一幅来供自己欣赏,这就是清版《清明上河图》的由来。他令人编纂四库全书,野岛刚猜测乾隆的心情,大概是"只要拥有,就很开心"吧。

很多人有这样一种观点:台北故宫博物院比北京故宫博物院可看。野岛刚曾以游客身份去过北京,也多次近距离看过台北,他说,两者不能简单类比,台北精品多,但北京故宫本身就是一个巨大的文物,在故宫行走,本身就是在参观文物。

在文物的精妙背后,故宫文物的命运荡气回肠。当年北京故宫博物院的所有文物,为了逃避日本侵略的战乱,被打包成近两万箱,全部迁往南京,而后为了躲避日本侵略,文物继续分成三路西迁,一路到陕西宝鸡而后辗转到了成都;一路到了长沙,再到了贵阳而后到安顺;还有一路是到了汉口而后辗转重庆。手上是文物,身后是日本追兵,所有文物保管者都是以文物为命,一路向西,只是为了保全中华历代文化精品。西迁计划并非出自深刻的考量,完全是因为日本侵略的深入而不断临时更改。

故宫人练就了一手打包文物的本事,野岛刚在他几年前另一部以故宫为背景的作品《两个故宫的离合》里说,"以最容易损坏的瓷器为例,一开始要把把手和壶嘴用绳状的棉花缠绕,壶内也要塞紧棉花,整个捆成长方形。再用细绳绑紧,裹上棉花,用纸紧捆成包。装箱时,木箱内用稻草把瓷器塞紧,每件瓷器要用棉花紧置隔开,封箱就可以运送"。一箱文物工作量就如此浩大,一万多箱文物的打包量是多少简直难以想象!文物装箱后,封存,西迁往各处。到了每一个地方,故宫人再将文物仔细清点、严密监管,唯恐遭遇不测。在漫长的西迁过程中,一万多箱文物里破损的部分与总量相比微乎其微,不能不说,故宫人对文物确实是拼死守护。神奇的是,虽然后有追兵,但每次都是文物启程逃离后,追兵的轰炸才到,所以故宫人总说,"文物有灵"。我想说,也许是故宫人的诚意天可怜见,才在颠沛流离的逃命生涯中,护下了这些中华文化珍品。

1948年年底,国民党当局决定将文物迁往台湾,本来打算运七批，最后只运了三批，就是现在存放在台北故宫博物院的文物。其实，故宫文物到了台湾后，第一个落脚点是台中，当时选的也是一个山洞。山洞对文物的存放并不利，但这是故宫一路辛苦走来的共同记忆，"将文物放在山洞"已经成为故宫保护文物的习惯。后来文物再迁到台北，建立中山博物院，故宫人对文物的保护管理始终保留着一直以来的习惯。正是这种认知与文化，让一些外来的故宫管理者深感距离。

近些年来，有人提出，台北故宫博物院应该扩大收藏，不应只收代表中华文化的文物，而应扩大视野，至少面向亚洲，去收一些代表亚洲文化的文物进来。而反对者认为，故宫文物的特点就是中华文化集大成者，何必收入其他文化的艺术品？再者，以台北故宫博物院藏品之精，什么级别的亚洲文物才能入选？选了能拿到吗？两种意见泾渭分明。不过民进党还是很坚持"改变"故宫博物院，"扩大"收藏，终于，故宫博物院在台湾嘉义开了个南院，算是故宫分院，人们也非常好奇，这个南院将演变出怎样的故事。

野岛刚从故宫的文物看到了中国的文化，又从文化看懂了中国。故宫的文物从来都不是文物而已，作为文化的象征与代表，它所承载的命运显然更加厚重与宏大。再看台北故宫博物院的外观，很多人说，它的样子有点像中山陵。人们可能会想，两个故宫博物院的建筑风格相似，文物代表的文化相通，是不是也给两个故宫的命运，提供了无限的可能？

> 照片是已然发生之事的痕迹。如果这一过往成为人们制造自己的历史过程中一个必要的部分,那么所有的照片就会重新获得一个鲜活的语境,它们将因此继续存在于时间内,而不是被关押在某些瞬间里。

《理解一张照片》:
读那可以读到的

当我们看一张照片的时候,在看什么?人物表情?色彩?听上去比较专业的说法或许是,看"构图"。

但约翰·伯格在《理解一张照片》里说:"每本摄影指南都在谈论构图,似乎好照片就应该是精心构图的那种,但这只有在我们把摄影图像看作是绘画的一种模仿时才成立。"好,摄影不是绘画的模仿,绘画是"一种布局的艺术",显得非常深思熟虑,但摄影不是,所以看构图并不重要,那么重要的是什么?

这位世界闻名的艺术评论家1926年出生于英国伦敦,他很早就学习绘画,后来开始写艺术评论,并且逐渐开始关注摄影。他早期对视觉的关注影响了他一生,不管他用什么形式来写艺术评论,"观看、感知、想象保持着它们作为理解世界的方式的首要地位"。他明确地指出绘画与摄影的不同,除了刚才说到的"布局"、"构图"的问题之外,他还说,素描本质上是在再造外观,而为了做到这一点,需要求助于某一种语言,不管是文艺复兴时期的学徒还是中国宋朝的学徒,学不同的绘画方法和语言,都是为了再造外观,而摄影不一样,它没有自己的语言,"照片不是从外观中转译,它们从外观中引用"。

如果一张照片是对世界的引用,那么摄影者为什么选择这个场景或那个场景?为什么"引用"这个瞬间或那个瞬间?约翰·伯格说,这种引用并不偶然,摄影师需要长时间的等待,对所拍摄的对象有深刻的了解,甚至也让自己被对方有某种程度的了解,然后用某一个瞬间来简化被拍摄对象的全部——照片是被简化了的拍摄对象,观者的任务是将其还原出来。

约翰·伯格是艺术评论家,也是诗人、画家与小说家,他写作的范围非常广泛。我很久以前读过他的《我们在此相遇》,感叹他用卡尔维诺式的想象力将每个他想纪念的人放在某个城市,里斯本、日内瓦、马德里……而这只是他写作的一部分。他通过各类作品,构建了艺术评论与审美的世界,令许多人沉浸其中并深受启发。《理解一张照片》里收录他从1969年至2007年写下的关于摄影以及如何解读照片的评论,传递他的观点:"所有的照片……都已从一种连续性中被拿出来了。如果这是一个公共事件,那么连续性就是历史;如果它是私人故事,那么连续性就是一个生命故事。"

所以如何理解一张照片?依然需要关注构图、人物,只不过这不是最主要的,理解照片最需要做的一件事是捕捉显现的或没显现的信息,或者说,读那些可以读到的,也读那些读不到的。在这里,"理解一张照片"是一个严肃的行为,不过相对应地,"拍摄一张照片"也是一个严肃的行为。如今人们一天可以按无数次快门,拥有许多张照片,留下无数瞬间,但是,照片里有多少东西需要捕捉?人物一目了然,构图也是奢求,然而更重要的是关于信息——信息在哪里?

约翰·伯格有一部作品叫《讲故事的人》，据说是因为深受瓦尔特·本雅明那部《讲故事的人》的影响，所以也取了这个名字。约翰·伯格自己钟情于用各种方法讲故事，他认为摄影就是在讲故事，这不是指用连续的摄影来讲一个类似小说的故事，而是说，一部摄影作品，要有讲述者、故事和观者才是全部。我想起非洲的一句古老谚语，故事只有在听完的那一刻才是结束。一张照片也是，等到观者去理解它，并理解了它，才是结束。

伯格理解照片当然有无与伦比的角度，然而理解照片有正确答案吗？这倒未必。正如，一个故事讲完，每一个听的人都会因为自身的经历、感受而产生不同的共鸣，从而收获不同的理解——读照片也一样。但约翰·伯格提供的，是一个极为高阶的答案，是一种跟摄影者的共鸣，甚至是一种启示：照片要这样来读。这对观者提出的能力要求是很高的。正如他自己说的，照片是某个瞬间，它要么是历史，要么是生命。要做多少准备，才能在一张照片里，读出拍摄对象和摄影者的历史或生命呢？

他说，在摄影诞生之前，绘画是人类拥有的唯一视觉证据。绘画会针对主题给出十分明确的态度,伯格说,它大抵是可以"自圆其说的"。但是照片不一样,关于照片的解读,基本要靠观者自己去完成,而且解读到什么程度,也是因人而异的。

可以尝试这样做:将自己还原成一个听故事的人,将自己想象成里面的任意一个人。比如安德烈·柯特兹的那幅题为《朋友》的照片,画面中一个男孩向左侧卧在地上,脸上带着微笑,右手抚摸着身边的小羊。如果将自己想象成那个孩子,你可能会体会到羊毛的柔软,羊身上的温度,还有身体躺在麦茬子地里被扎的感觉。明明是一张照片,但人们却有了触觉,这张照片因此变得如此鲜活。

作为一名著名的左翼评论家,约翰·伯格的艺术评论关注社会变革、人物命运,他带人们去认识、批判这个世界,所以《理解一张照片》的编者杰夫·戴尔说,伯格的文章好比是一段"认识论的旅程",他所讲的一切其实超越了摄影。

举一个例子,同样是安德烈·柯特兹的作品《一位将要离开的红军士兵》:在送别的车站,周围有些稀疏的树木,战士们松散地围站着,中间是两位主人公,男主角侧对镜头,镜头能看见他的左后侧脑袋,而女主角在他的对面,观者能看见她右前侧的脸。两人深深地凝视对方,在日光照射下,女主角的眼睛睁得并不是很大,但能感受眼光的直接。约翰·伯格说:"他们的目光在我们眼前交织着,它所收纳的对象不是车站外面环绕在他们左右的什么东西,而是他们共同的生活,他们各自的生命。"他说,在这种目光中,他们的存在被用来对抗他们的历史,这种对抗,不是那种武力的对抗,而是因为这个瞬间对当事人来说是弥足珍贵的私人瞬间;在那一刻,私人的生命成为永恒,因为这样,他们也就构成了对历史的对抗,他们不再是被动被历史推动的人。"它展示的是这样一个瞬间:一个让所有不只是被欣赏,而且也被爱,所有那照片中隐而不表的东西变得明晰的瞬间。"

约翰·伯格喜欢写作,他写了很多艺术评论,但是他坚持文字与照片之间的关系有其特殊性:文字不应是照片的简单重复,而应是照片信息的补充以及呼应。"一本书要有两条腿才能前进,一个是照片,一个是文字。它们彼此都必须去适应另一个的步伐节奏,都必须防止重复另一个已经做的事。但太常见的是,随便看看那些照片和文字一起使用时的页面流动，都只是一种同义反复罢了，是乏味的重复，同样的事情说两遍，一次是文字，一次是图像。"

摄影师塞巴斯蒂奥·萨尔加多1994年摄于坦桑尼亚的一幅照片，题为《为图西和图图族难民搭建贝纳可难民营的第一天》，照片里从上到下，一半多的空间是天空，再往下是难民营搭出的密密麻麻的帐篷，还有很多人站立、忙碌的身影。在伯格看来，没有悲剧感的旁观者会说，"多么美丽的天空，如此精心选择的瞬间"。而事实上，他认为，天空在这个时候是人们唯一可以信赖的对象，谁在天上聆听他们？大概是死去的人，大概是历史。这就是这张照片的意义所在。它不仅在告诉人们这个难民营的第一天是一番怎样的景象，而是在表达他们对命运的无奈与悲伤。

正如伯格说，照片的外观与文字的描述完全不是一回事——无论用什么文字描述都没法还原一张照片——但照片也不拒绝文字的加入，两者就是两条腿，彼此配合节奏，共同推动主题。

其实不光是文字，关于照片的解读，观者可以构建出一个多元的体系，用文字或其他的、多纬度的方式去解读。我们听故事的时候,想象非常重要,大英博物馆的原馆长尼尔·麦克格雷格就说过,观看文物时,非常需要的一种能力是想象力,将自己放在历史空间自由飞翔,是帮助理解眼前文物的重要的方式——理解一张照片也需要这样的想象力。

安德烈·柯特兹有本书收了60张照片,叫作《关于阅读》。每张都是一个独特的肖像。在解读这些照片时,约翰·伯格讲述的其实是自己对于"阅读"的理解。他说阅读是一种交通工具,人们通过手中的书页,在不同的意义之间飞翔。在那些照片里,有很多照片是读者正在阳台或者建筑物的天台上读书的场景,伯格说,选择这样的地方拍摄绝不是巧合。

其中一张,整个画面都被建筑物外形占满,上部凸显的是高耸的烟囱;在整幅照片的最下部,才看到一个坐在躺椅上读书的女子,在高大的建筑面前显得非常瘦小。伯格说这些书页就是阅读者与地面之间短暂的接触,"仿佛他们正在抗拒着地心引力或者已经脱离了它们",马上就要展开一段自由的飞翔,而这正是阅读的意义。

让我们再回到照片的源头,说说摄影者的故事。是怎样的摄影者选择"引用"某个瞬间来说明一段历史或者一个人物呢?伯格在《理解一张照片》一文里说,这需要摄影师做一个"决断",也就是摄影师相信那一个瞬间,不管是可见的部分或是不可见的部分,都足以展示他想展示的东西。虽然有人说照片里的信息"很慷慨",但决定呈现的那个人是摄影师。

尽管人们用智能手机拍照已很平常,大量的照片不是非凡的创作,而是普通的快照,然而里面都蕴含摄影师的选择,区别只是有的信息多,有的信息少而又少而已。"一个艺术家的视域从来都不能只被她或者他看到的什么东西所限定——他看东西的方式同等重要。"一个好的摄影师需要非凡的视野。

约翰·伯格对照片的理解总是显得理性、冷静,但是在他富有哲理的语言背后,却有澎湃的诗意,这也正是他构建的艺术评论世界吸引人之所在。

> 我感到自信在胸中升腾,一种多年的苦役终于得到了回报的感觉。4 年中学、4 年本科、4 年医学院、1 年实习、2 年骨科住院医生,加上接下来的 2 年一共是 17 年。

《梅奥住院医生成长手记》:
尊重人生

迈克尔·科林斯是美国的一位骨科医生,他的个人经历十分丰富:大学毕业之后,开过出租车,做过建筑工人,因为对医疗工作有着神圣的向往,他又去芝加哥的洛约拉大学读了医学院。医学院毕业之后,他到了梅奥诊所,接受住院医师的训练,之后开始正式行医。这是一个做医生、玩乐队、写文章都一点儿不耽误的骨科医生,还与自己的妻子生了 12 个孩子,一边疯狂工作,一点照顾孩子,精力之旺盛,令人佩服之至。

在美国，医学院的学生从医学院毕业之后，还要在医院里进行住院医师的学习和训练，然后才能真正行医。迈克尔·科林斯所在的梅奥医疗研究中心，通常被简称为梅奥诊所，是全美规模最大、设备最先进的综合性医疗体系。能在梅奥诊所进行住院医师训练，对于学生来说应该是件幸福的事。

但要能够扛住这样的幸福，没有一点与众不同的体力，还真是做不到。先来看一下他在住院医师生涯中的部分时刻表。

刚开始，迈克尔·科林斯还是一只住院医师中的菜鸟，他在医学院上学时没发过论文，对一些医学术语的简称甚至都不熟悉。为了能够早点进入实习状态，他只有狠下功夫：正常查房要到6点半才开始，他早上4点多就赶到医院。5点10分就开始查房。在骨科轮岗的时候，他"几乎接连工作了24小时，而且还要继续工作6个小时"。

为了贴补家用，迈克尔·科林斯每个月抽出两个周末去另一家医院做兼职，剩下两个周末则需要在梅奥值班，这也就意味着，"连续工作14到21天才能休息一天"。兼职的日子里，"我已经连续工作了34个小时，而且还有2个小时才下班。周五晚上我总算有空睡了3个小时,第二天下午又睡了4个小时,但是从周六晚上起,就不断有病人送进来,有生病的、受伤的,还有中毒的"。

缺少睡眠是迈克尔·科林斯的常态,只要是醒着的时间就在工作,一个原因是在梅奥做住院医师,本身需要完成的工作量就大,还有一个原因是住院医师的薪水非常低,时薪2.5美元,如果不做兼职,根本没有办法养活妻子孩子。更何况,迈克尔·科林斯跟妻子都太喜欢孩子了,如果不是在他妻子生完第12个孩子时,妇产医生坚决不让她再生,说不定他们还会再生下去。医生的原话是这样的,"你们可以有12个孩子加上一对父母,或者13个孩子加上一个父亲,看着办吧"。就这样,迈克尔·科林斯从一只住院医师的菜鸟,到渐渐开始上手做手术,在处理病例方面,有越来越丰富的经验,"那些漫长的工作,微薄的薪水,漫长的学习,辛苦兼职,以及值班的日日夜夜,一切都值了"。

然而,医生最难接受的,还是没能如自己所愿挽救病人的生命。迈克尔·柯林斯第一次经受这种强烈的冲击,还不是他自己经手的病例,而是他亲眼目睹的一个病例:一个新生儿和妈妈,尽管进行了大量的抢救,仍然同时失去了生命。他看着手术室里满眼的血和器械,心里在想:"这是什么鬼世界!"在这个病人离去后,他还完全没办法从这种挫败感中走出来:"6点45分了,大厅里满是干净整洁,年轻的医生和护士在进行例行的上班报告,对他们来说这是新的一天,对我来说这还是漫长的昨天。"

医生做了很多技术的学习与准备,但谁都没有准备好感受第一次眼睁睁看病人离去的滋味。他们接受了各种业务的培训,但是,没有进行情感方面的培训,更没有人告诉他们,在看着病人在他们手中离开人世之后,怎样才能把这件事告诉他的家人?每当此时,迈克尔总是在想,"生命到底该怎么持续下去,在目睹一个个生命离去之后,他们还怎么去微笑?"到后来,他经手的病人越来越多,也见过更多的生死,但他很长时间里,始终没能从这种挫败感中超脱出来。但是前辈们告诉他,要是想多愁善感,回首往事,那么就选择下班时间去做。是的,医生那么忙,根本没时间来回顾发生的所有事情,"在接下来的八小时里,有伤口等着我缝合,有病人等着我问诊,还有骨折等着我去处理"。

"我不能投降,对死去的人,我的责任已经尽到了,而对于生者我还有任务,我想发泄情感,但是却没有这个资本,医院付我工资,不是让我随随便便发泄的,其他人可以宣泄情感,但我不能,我应该成为他们的支柱。"

迈克尔·柯林斯始终记得自己第一次正式上手的经历。作为住院医师,他们先是要辅助医生完成各项手术,偶尔自己也能够上场操练一下。他第一次拿起手术刀,是他的带教医生让他切开一个病患的伤口。对于那位医生来说,可能已经给无数住院医师提供过这种练习的机会,但是对迈克尔来说,医生手里漏下来的这个"面包屑"就是"美食大餐"。因为有过切开伤口的经历,住院医师们的内心觉得,那一刻,自己已经成了外科大夫。这是他们梦寐以求的时刻啊!

技术越来越精湛,医生内心对自己的拷问却从没有停止。在技艺不精的时候,他们担心病人因为自己而丧命,于是拼命学习。技艺精进了,他们开始担心另一个问题。"忘记了从事医务工作的初衷,这些本来只是手段,但最后我却让它变成目的……我的职业,并不单单是做手术,而是帮助那些活着的有气息的,被病痛折磨的人。"医生们总是担心自己忘记了病人是个人,总是担心自己没有顾及病人的情感需求,同时,他们希望自己成为技术大神,并且爱每一个病人,如同最初的那一个。

迈克尔·柯林斯医生的故事,来自《梅奥住院医生成长手记》。作为一个爱写作的医生,这些笔记早在他的住院医师生涯中就写下了,在十几年之后,才从抽屉深处拿出来发表。迈克尔医生离开梅奥诊所之后,回到家乡芝加哥,开办了自己的医院。他说,"我成为骨科医生的道路并不平坦,不但工作辛苦,而且还需要长时间劳作。不过,我并没有尝试淡化医生工作的辛苦,而是希望当今的年轻人从我这段疯狂、繁杂的经历中感受到,当医生真有意思!"

我看过很多美剧里的医疗剧,像《实习医生格蕾》《夜班医生》《豪斯医生》《周一清晨》等等,甚至还看过一些听上去不是很热门的,播了一季两季就被腰斩的医疗剧,对美国医生的工作与生活,通过观剧多少有些了解,但这本书还是给了我深刻的冲击。正如迈克尔·柯林斯所说,4年中学,4年本科,4年医学院,1年实习,4年住院医师,这就是一位医生站在人们面前时,走过的路。他们尽自己最大的可能追求技术上的卓越,追求对人性最大的尊重,他们在这条路上只有向前,不选择后退。

"当我回首这段岁月时,心中不是庆幸它早已结束,也不是憎恨它让我如此辛苦,而是一种怀旧的喜悦:那个时候的我正奔跑在这条荣光大路上,沿着救死扶伤的传统前行。"

> 当我踏进模特经纪公司办公室的那一刻,就走进了一个充满伦理、政治、女性主义的研究困境。在这条深藏不露的文化生产流水线上,好看不是唯一的标准,合适的外形才是时尚的起源,人们接受训练、推销、打造成珍贵的商品。

《美丽的标价》:模特行业的规则

时尚与模特行业对于大部分人来说是遥不可及的,它是模特在T台绚丽灯光下的走秀、颀长的身材、优雅的猫步,还有在媒体封面上的各种时尚硬照,以及出现在各种各样商品包装上的美丽图片。这个行业至今带有一定的神秘感,行业的运作也是一样——除非有人能进入这个世界透析一切,并再回来给大众讲故事。

这个行业的故事大概只有在行业里面的人自己才能写得清楚,写作者要了解模特行业的运作,各色人等的酸甜苦辣,这种了解不仅出于访问,更需要亲身体验。阿什利·米尔斯就是这样一个人。她曾是一个模特,后来去读了纽约大学社会学的研究生,她用田野调查的方式解剖模特与时尚业。这里有她熟悉的生活,也有很多她不知道的事情,她用三年的时间访问数不清的模特、经纪人、客户,然后写下几十个故事,内容远超她的模特个人体验。

人们总有一种误解,在璀璨灯光下的工作,都特别挣钱,这种误解缘于将"关注"与"收入"划了等号。世界顶级名模吉赛尔·邦辰,2016年在巴西里约热内卢的奥运会开幕式上奉献了职业生涯中最后一次走秀,我还记得在直播中解说员说,"她将马拉卡纳体育场变成了最大的T台";而在那之前一年,她是全球最赚钱的模特,年收入达到4400万美元,那百米走秀是开幕式上的高光时刻,也是她个人的高光时刻。但是像吉赛尔·邦辰、凯特·摩丝这样身价超高的模特,是少而又少,成功的明星背后,可能是数以千计的失败的姑娘,那些姑娘只能挣扎于一个面试和另一个面试之间,获得非常少量的机会,所得的收入可能还不足以支付房租、培训费用、置装费等等。普通模特的收入之低,生活压力之大,恐怕超出人们的想象。

在每年都会吸引无数新面孔的行业，要涌现出一两个明星是必然，但是机会落在谁的头上，却充满偶然因素。但依然有无数的姑娘小伙前赴后继进入时尚圈，如果能够成功，梦想、衣食无忧的生活，全都不是问题。

一个模特，在递交了简历之后，怎样才能让经纪人或者客户在数以千计的模特里选中自己呢？换句话说，是这个模特身上的什么特质，吸引专业人士的注意呢？我一直以为这大概有一定的规律，只是我们不了解而已，但阿什利·米尔斯说，不存在什么标准答案。一位造型师总结说："一瞬间！你知道，你是知道的，你就是知道他是不是！"也就是说，全凭把关者的一种"感觉"，这种感觉不尽是虚无缥缈、完全随机的，但确实很难言传。这是一种在一个行业里浸染了很长时间形成的"嗅觉"，也可能是某个瞬间的灵感。在很多时候，标准是变化的，游移的，比如同一个模特在某个客户那里被认为太瘦了，而在另一个客户那里的评价则是太胖了；或者一个客户认为她年龄太大，而另一个觉得这个模特不够年龄标准。

当然有一些硬条件还是需要的，比如身材、体重、年龄。据说模特行业默认的三围是 34-24-34（英寸），欧码中的 0 码身材是最受欢迎的（天哪，女生们可以自行对照自己的尺码是多少），此外，还有年龄。很多女模特入行很早，像之前提到的吉赛尔·邦辰 15 岁就入行了，更多 13、14 岁入行的模特也比比皆是。在模特界，女性 22 岁以上就属于"高龄"，经纪人对外报资料时会悄悄将自己的模特减龄，阿什利·米尔斯有一次在接受面试前，经纪人就特意吩咐她，将三围报小一点，年龄报成 19 岁（一下子少报了 4 岁）。

突然发现，一直到现在，都没怎么说过男模特的故事——是的，在年龄上，男模特有优势，他们可以从事模特工作的年龄范围很宽，至少 30 岁完全不是问题。男模特的问题是，薪水普遍比女模特低。模特业是为数不多女性收入普遍高于男性的行业，很长时间以来，人们已经接受女性是展示美的群体，而男模特也已经完全接受这种现状。

在客户录用通知没有到来的时候，模特们只能等待。他们继续奔走在面试和面试机会之间，其余的时间，需要健身、维护、管理自己的身材。还有的（但很少）像阿什利·米尔斯这样，抓紧去完成自己的学业。由于收入偏低，男模特的生存压力更大，所以通常他们会在餐饮业兼职做服务生，来贴补生活，等待下一个机会。

在模特们等待的机会中，四大时装周是非常重要的。每到时装周举办时，所在的城市就会涌进几千名模特，在这里进行各种秀场工作。事实上，为时装T台走秀的模特获得的报酬是非常低的，有的回报甚至只是几件设计师的衣服，或者是商场的打折券，时装周的走秀收入会高一些，但也高不了多少。阿什利·米尔斯就参加过类似走秀，她的家人风趣地说，也许所得的这些报酬再加上一美元，也可以买一杯咖啡呢。

即便如此，模特们还是钟爱T台秀，因为这种走秀曝光率高，而且有助于在自己的简历中添上浓墨重彩的一笔，如果这是一个名气大的品牌或者很牛的设计师的话。这也有助于未来的某一位客户在成百上千的简历中，挑出这一份。

在我眼里，所有拍广告的，拍硬照的，走T台的都被称为模特，但其实在模特中这些都属于不同的"亚类"，而且彼此间还很少流动。有的模特主攻拍媒体时尚照片，有的主攻

T台走秀，有的专门拍商品目录，还有的专门拍橱窗陈列照。不同类型的模特要求不一样，比如媒体时尚类的，就特别需要"前卫时尚"，而商业类的模特，就需要"好看"，主打陈列类型的模特，虽然跟前两者相比地位相对逊一些，但最重要的是，她们的收入反而比较高，因为后者的工作机会远多于前两者。

时尚圈主要是由模特、经纪人和客户这三者组成，看似天天在聚光灯下的模特，其实是其中最弱势的一环，始终处于一种被挑选的境地。她或他的机会，是需要经纪人去争取的。经纪人手里会有很多的模特，经纪人去管理她们、推荐她们，也会在一定程度上培养她们，当然这些成本都算在模特自己该掏的费用里，这也是为什么有的模特要出道很久才能付清欠经济公司的钱，因为之前在她身上，确实是有投入的。经纪人当然会热情地去推自己的模特，因为如果运气好到可以爆出明星，那他在她身上获得的佣金就能抵消之前培养众多模特的付出了。关于这一点，最形象的说法，大概就是"广种薄收"，模特业确实是广种薄收的行业。

在阿什利·米尔斯的笔下，经济人是个辛苦的工作，十几个经济人挤在一个办公室工作（对他们来说，办公条件或许并不重要），每天不停地看各种模特资料，奔走在各个客户之间，不停地用各种方法、从各个角度去推荐自家的模特。工作与休闲不分家，社交场合也是谈工作的场所，不停交换信息对这一行来说非常重要。甚至，通过经纪人、客户、商家的交谈共振中，下一季的时尚潮流就能露出真容。

那么多年来，我一直都在好奇，每一年的市场潮流到底是怎么来的，是有什么机构讨论决定吗？阿什利·米尔斯说这同样没有正确答案，每年的时尚潮流到底走向何方，没有机构认定，也没有谁来振臂一呼，它可能就来自于圈内平时的讨论，某些观点的集合。

从19世纪晚期出现时尚模特以来，模特业已是百年老店，完全有自己的"规则"与"规律"，其中的一部分发生了变化，但是变化并不算大。国际模特界最常见的还是白人女性模特，而其他族裔，比如拉丁裔、亚裔，即便有那也是很少，出现其他族裔的原因可能只是考虑到市场。阿什利·米尔斯的例子就很典型。她的奶奶是个韩国人，所以她的父亲有一半韩国血统，而她的母亲是波兰和捷克后裔，她自己在美国南方的白人环境下长大。尽管她身上有 1/4 的韩国血统，有一次她去面试的时候，经纪人还是特别嘱咐她，在跟客户说话的时候，千万不要提到自己身上有韩国血统，因为对方喜欢的是纯血统的美国女孩，如果真的要提的话，就提一下自己身上有东欧血统，是波兰和捷克后裔。对于时尚圈来说，他们要的并不是真正的百花齐放，而是象征性意义，既然有一个模特可以代表这种象征意义，那就不需要再有别的人。

很多模特最后选择告别这个行业，是因为已经入不敷出，尽管在行业里坚持了几年，也接到过一些工作机会，单从每次报酬来看也为数不少，但是总价实在并不多，以至于不能够支付日常的生活费用。由于模特经纪公司会预付一些投入在模特的培养上，所以挣不到钱的模特离开时负债累累。当然，年龄、人生选择，也都是促使模特离开的原因，如果早做决定，甚至离开的模特们依然有青春年华来追逐自己其他的专业梦想。而模特经纪公司也不一定挣钱。如果在很长的时间里，他们都没有能够培养出几个叫得响的模特，不能用大笔的佣金来盘活整个公司的运转成本的话，那么这个模特经纪公司的前景就十分堪忧。阿什利·米尔斯在工作三年后，她所在的公司也温和地跟她说了再见。这个行业,充满了"前赴后继"的案例。无数人虽然曾经无限接近自己的梦想,却从来未曾到达。

竟然这么残酷,为什么还有很多人会愿意投身其中,把自己的青春甚至更长的时间奉献在这个行业里呢?不光是为了金钱,也不光是为了出名,更多的人还是因为喜爱。"时尚太有趣了!太有趣了!"当阿什利·米尔斯践行自13岁那年看了自己的第一本 Vogue 就燃起的梦想时,"每一天都很激动和难以置信地兴奋"。人们追逐美,被更多人关注,享受掌声,正是这种梦想,支撑着很多人,等待一个又一个的机会,直到告别这个行业的那一刻到来。

> 许多人曾经为这场战争欢呼雀跃，认为这场战争是一项承诺，也是一个机会，可借机摆脱动荡不安与崩解现象。不过，战争永远都是一种充满矛盾且极为讽刺的东西，经常会改变众人想要珍藏的事物，促成众人想要避免的情况，并且摧毁众人想要保护的对象。

《美丽与哀愁》：
第一次世界大战个人史

1914年6月28号，奥匈帝国斐迪南大公夫妇在萨拉热窝遇刺，7月23号，奥匈帝国向塞尔维亚发出最后通牒，五天后向塞尔维亚宣战。7月29日俄国表示支持塞尔维亚，准备攻打奥匈帝国，而在两天之后，7月31号，德国要求俄国停止动员，但俄国置之不理，随即德国对俄国宣战。仿佛在电光石火间，第一次世界大战走向全面爆发。

那年的夏天曾出现在很多人笔下，在人们的记忆里，那个夏天有着一种久违的美好。茨威格说："大家一定永远都会记得1914年的夏天!"夏天不仅美好,而且看上去远未结束。这给人们一种错觉,战争?打就打好了,会跟眼前的生活有多大差别?

瑞典作家皮特·恩格伦用23个人物的故事来写一战,如他所说,战争不只是大事件,历史就在每个个体的体验与感受里。而这些人中的大部分人,一开始对战争的体验、感受,与后来相比是有天壤之别的。人们仿佛在完全没有搞明白状况的情形下就一步踏进了战争。从进入战争到走出战争,有一样东西,始终在推波助澜,那就是:情绪。人们感受狂热,人们感觉幻灭。这一部个人史,就是人们在那五年间,种种感受的剧烈起落史,也恰恰证明,个人在历史面前是多么渺小,我们所能掌握的,只有自己的情绪,或者,连这一点都做不到。

战争消息传来时,很多年轻人是以狂热姿态迎接的,"战争像疾病一样袭来,比发烧还厉害"。消息就像潮汐,搅得人们坐卧不安,人们视战争的消息如发生变革的信号,一想到此后眼前变得越来越糟的一切能彻底扭转,人们就兴奋不已,仿佛战争不用流血、死人,就像征召入伍时沿途群众的欢呼声透出的感受一样，是段愉悦的旅程。在迎接入伍军人的地方，"音乐、火把、葡萄酒，应有尽有"，很多地方出现了支持战争的自发性的游行示威，而送别战士的群众甚至舍不得去洗那只被某位战士亲吻过的手，激动的情绪达到了顶点。

而参战的原因也是多种多样。

大部分参战的人，首先是支持这场战争的。他们正义感升腾，觉得战争代表希望，对战争的爆发喜不自胜，认为自己面临的是"一场与黑暗力量的伟大较量"，而不管是协约国还是同盟国，都视对方为这股黑暗势力的代表。

还有一种人也喜欢战争，那就是冒险家。在他们看来，没有什么是比战争更顶级的冒险，为了能够参加这一冒险，无所不用其极。有个士兵是委内瑞拉人，他的祖先都是征服者与海盗，血管里天然流动着冒险的基因，他满心渴望不同寻常的一次，因此一心想要加入军队。不过比利时拒绝了他，法国拒绝了他，黑山也拒绝了他，他在一筹莫展之下想明白一件事，只要能打仗，管他为谁打，于是他决定加入对手的阵营！就这样，他成了土耳其军队的一员。

再比如，英军的第25皇家燧发枪营是一支志愿部队，成员来自世界各地，包括中国、马六甲、印度、新西兰、澳大利亚、南非与埃及，营里有极地探险家，也有曾经的牛仔。他们是一群经过特别挑选的冒险家所组成的精英，这也是英国远征军中唯一一支没有接受任何军事训练的部队，因为他们已经拥有丰富经验，比一般战士的能力要强得多。而他们参战的原因，就是想借此机会完成对世界的认知，他们中有的人是博物学家、动植物学家，未来要去的地方正是"搜集东非地区动植物标本"的最佳机会。

医生则以加入战场医疗救护的方式与战争发生联系。一位美国医生来到这里的原因是，在他看来，战场上有治疗各种伤势的机会，有很多平时接触不到的伤情，他在战时的观察学习以及动手术的经历，可以帮助他收获大量的临床经验；而这种经验在和平时代，在和平地区，不知道花多少年才能获得。

有的人参战，目的更为简单，就是想听一听群众对自己的欢呼，想感受那种被"夹道欢迎"的味道。然而，并不是每一个参战的人，都能获得这种"待遇"，能不能遇到这种场面，某种程度上取决于时间点。有年轻人以为应征入伍就意味着得到鲜花和掌声,于是不远千里,从纽约偷偷告别家人,长途颠簸到达欧洲,满以为靠岸之后,会有"热情的欢呼,挥舞的旗子,热情演奏的乐队,以及美丽的那不勒斯少女撒着花瓣",结果没想到,一起来的人只是匆匆被集结在一起。有人简短地说了几句话,就当是入伍动员了。他们就这样上了战场!他后悔了,但已来不及。

跟大多数人的狂热相比,也有人是讨厌战争的,他们感到烦恼、担忧以及害怕,根本不渴望到前线去,在他们看来,没有什么国家与国家的问题需要通过战争来解决。战争之所以无可避免,纯粹是"因为人们这么认为"。他们困惑,为什么那么多爱,所有的母亲、姐妹,妻子与女友的爱,竟然都阻止不了这一切仇恨?

但是,"没有人敢说战争的坏话,战争已然成了个神"。

很多女性也加入了战争,她们不能当兵,但可以成为护士或其他医疗救援人员。开战不久,有的女性就开始接受医疗培训,在人们身上假装弄出伤口,然后训练自己快速进行包扎。培训一段时间之后,就能去前方的医疗所工作。极少数女性选择非医疗工作,比如成为驾驶员,但确实也有人这么做,要知道,在那个时候,女性驾驶员本身就非常稀缺。

人们带着种种原因,带着狂热,走上战场。但他们很快发现,战争不是嘉年华,他们的一腔狂热很快就会被困惑所取代,而且这种困惑,将会持续很久。

战场信息不通畅,是士兵面对的最大问题,没有地图、对于周遭的地域以及所在的地点一无所知,完全不知道自己身在何处,要靠猜测才能够选择一个前进的方向,这是战士们的常态。而军官们也不见得比他们知道更多,敌人在哪里,会采取何种攻势,彼此伤亡如何,该需要往哪里进发或者撤退,一概不清楚。经常发生的情况是,交战双方都认为自己在某一场战役中输掉了。现代战争是信息战争,一战还不是严格意义上的现代战争,而彼时的将士,深受信息不畅的伤害。初上战场时的狂热,慢慢被浇灭,取而代之的是茫然。

战争非常残酷。皮特·恩格伦写入书中的23个人里,有19位上过战场,他们亲眼目睹或亲身经历这种残酷。子弹横飞,弹片四溅,身边的人不断倒下。医院的医护人员发现战士们"全都不知道自己为什么在战壕里,也不晓得该往哪边开枪,他们只是躺在那里,中弹之后就被抛下不理",医疗点满是伤员，或轻或重，战争造成的直接与间接伤亡无法计数。跟死亡相比，更残酷的是信心的消亡，那些为改变社会而参加战争的人突然发现，战争失去了目标，今天进、明天退，来回的拉扯、人员的牺牲，好像并没有产生具体的作用，也完全于事无补，与当初的目标相去万里。

那个看似不会结束的美好夏天的后半段，用于体会人间最深的残酷，没有人为这些做了准备。23人中，有人在战舰上工作。开战之初战士们努力保持一种"绅士的打法"：占领一艘船，缴获货物，收编俘虏，最后将俘虏和平送上岸，舰船上的将士将之称为"紧张而诚实的决斗"。到后来，他们越来越清晰地意识到，战争最要紧的就是压倒对手，把对手逼到不可能在物质上取胜的地步，借助自己所占的优势去压倒和粉碎对方。"战争，就是消耗对方，消灭对方。"虽然想明白了这一点，但机会已不属于他们，最后，这艘舰船毁于敌手。

夏天过去了，秋天已来，然后是漫长的凛冬，战争进入第二年。整个世界色彩变得非常单一，前后方都是如此。人们突然发现，世界只剩单调的灰色或褐色，因为运输车辆、枪械、制服，统统是这个颜色，唯一的红色，是代表医疗力量的红十字。战场上的牺牲源源不断传来,但是大家都还在一种情绪里,那就是坚持,相信,或许坚持可以改变一切。社会气氛不容许有人声称自己渴望和平,如果有人这样说,一定会遭到别人的指责,说他可耻。

被战争波及的地方,哪怕是山村,生活都已经发生了不可逆转的变化:很多人死去、家园被毁、安宁遥不可及。有位嫁给波兰贵族的美国妇女,在丈夫不知所踪、自己独立带着几个孩子辗转逃生时,朝镜子里看见一个"疯狂、苍白而陌生的人",许久之后,才意识到这个人是自己。战争永远改变了这些人,从身体上,也从心理上。

多亏了那些在战场上给家里写信的士兵,他们留下了历史最细微的部分。不敢想象在枪炮声里,他们是怀着怎样的心情写下家书,然后又是在怎样的心情里等待回信。战时的邮政显而易见不会规律,那种等待对彼此都是折磨。没有写在家信里的,就写成日记,记录下每一个想要倾诉的见闻,每一丝内心的变化,得以让我们仿佛身临现场,与他们同悲同喜。

战争一度以一种糊里糊涂的模样向前发展,死伤人数不确切，前进方向不确切，进攻计划不确切，就连撤退也都不确切。等候命令的战士就去挖战壕，尽管不知道战壕到底能派多大用场；有的部队由于长时间的等待耗去了耐心，人们变得焦虑、疯狂，当听到队伍开拔的消息，大家竟都松了一口气，该来的终于来了！全然不顾来的可能是死神！只要能够远离这种焦虑，就比什么都好！继续等下去的部队陷入了管理困难，最终导致部队哗变，陷入内斗。在焦虑中，人们内心悄悄浮现一个问题，这场战争会以什么样的方式结束？

受伤的战士被视为英雄。当他们回到后方，赞美、荣誉涌过来将他们包围，那一刻当然是激动的，可只有他们自己知道自己经历了什么。荣耀当然与牺牲相当，当休假结束，还要不要再重返战场？有的人这样回答，"现在我是英雄，可是一年以后我就只不过是另一个残废而已"，显然，关于战争到底是什么这个问题，有人已逼近答案。

战争改变了世界。无数人丧失所爱，每日在死亡线上挣扎。粮食短缺对普通人来讲，是持续不断的折磨，"没有糖、没有黄油、没有面包甚至没有水"，还要受尽病痛的折磨。前后方的人都在斑疹、风寒、疟疾等疾病的威胁之下，从疾病下幸存的人为数不多。交战双方的情绪都陷入不稳定,在那23人的记录里,有大量的文字,显示出当时那种忽而有希望或者绝望,忽而恐慌或自信的情绪。这是一段痛苦的胶着。

战事给谣言、暴行,都提供了正当的理由。在战争过程中,一些大屠杀以战争之名进行。那个加入了土耳其军队的人就亲眼目睹,一些地方的警察和其他宗教信仰者忙着洗劫基督徒的住宅,不止一个地方的12岁以上的男性基督徒全数被杀害,起初目击者以为这是战争的一部分,后来才意识到情况不是这样,因为屠杀也在别处进行。

战争也有令人不可思议的一面。连与世隔绝的小山村,都没能躲过战火,但后方城市里的生活却在照常继续。人们唱歌、跳舞、社交、饮酒,仿佛生活从来没有变过。战争对这些人而言,就像一个社交话题,但他们却丝毫不理解,战争对参与者来说究竟意味着什么。有位士兵非常苦闷地说:"战争很美,在将领、记者和学者的眼中是如此。"这两个截然不同的世界,在他们脑中碰撞,发出巨响,逼迫人心。在23人中,就有人因为这种巨大的落差而患上了精神疾病。

起初的狂热已经全然褪去,现在连困惑与焦虑都已经不受欢迎。战争继续僵持，人们的态度已经不再掩藏。有人不愿意参军，甚至主动让自己患上传染病也在所不惜，因为这样就有充分的理由不去前线，据说，那些年死于刻意染上的传染病的人也为数不少。交战的对手也不再时时刻刻欲陷对方于死地，法军和德军曾经在彼此的注视下堂而皇之地行动，双方都不开枪，胆大的家伙还会走访敌军的战壕。在不少战区，交战双方发展出了心照不宣的协议，人不犯我，我不犯人。这是在长久的无方向的对峙中，最温和的态度。

白天相对还好，晚上难免容易产生疑虑、继而带来恐慌。偶然发生的一声异响，就会让士兵误以为敌方的攻击已经发起，从而还击，或者慌张地四处奔跑。双方都清楚地知道，这场战争已经不再可能以军事手段终结，交战双方的阵线已经越来越难以突破。在这种奇怪的状态中，偶尔也会爆发激烈战斗，然后很快又平息下来，让很多士兵陷入了无穷的困惑：自己到底在做什么？大家在等什么？是在等一个结束的信号，然后双方握手言和，各回各家吗？

到1917年，也就是战争爆发三年多后，风向发生了变化，最大的变化是，在后方已经不难听到别人谈论对于"和平"的渴望,以前说到这个词会遭到别人的驳斥,而现在有人要是说出口,反而会引来周围人的一片应和之声。

在战争中过了几年,人们不记得和平是什么模样,但却也习惯了不和平的生活,这种"习惯"真是最令人感慨也让人恐慌——人的惯性是那么大!当零星的炸弹在城市的某个角度响起时,已经不会有人惊慌失措,这声音可能都比不上"旁边邻居倒垃圾桶的声音"更吸引人。在社交场合,人们不再喋喋不休将战争当作社交话题,咖啡馆、酒吧,人们照常取乐。大剧院,也有人继续观赏演出,即便轰炸来袭,那也不过就躲到地下室罢了。

生活要继续,这种继续的力量太强大了。而战争,就像是一个旧相识,虽然心里还有印象,还有回忆,却已经和眼下的生活无关。这让战争附加了一丝荒诞,无数人以性命换来的战场上的进退,渐渐变成一件不合时宜的事情,生活的方向又要变了。后人会记得那些牺牲的人吗?"谁能记得住那成千上万的许许多多人?"普通生活对他们的吸引力已经变得前所未有的大,那个时候,哪怕是"一口酒","一块抹着草莓果酱的白面包",都会让他们深感幸福。

战争改变了很多人,这23人里,有的本来只是个普通的职员,注定要过着无足轻重的一生,却收获了人生中所有梦想的成就;有的抱着改变世界的愿望而来,却早早失去生命;有的人希望在战争中获得经验,或从事自己心爱的研究——心愿都已达成,但是他们从未想过,代价,会是丧失一部分肢体,这可能比死亡更难让人接受。"这就是战争,让我们感到沮丧的,不是战争的风险,不是在炮弹落下爆炸之时发出的炫目红色火光,而是觉得自己犹如木偶,被一个未知的木偶师所操控,这种感觉有时候令人深感心寒,仿佛落入了死神的怀抱一样。"

另一场战争也在打响,西班牙流感开始席卷欧洲,很多在战场上都幸存下来的人却被流感打垮,作家卡夫卡(他也是那23人之一)说,患西班牙流感的感觉"仿佛跌入一道深渊,往下跌落,永无止境"。对苦苦撑过战争年代的人们来说,从一个深渊掉进另一个深渊——死神的怀抱太宽了。

改变,是永恒的渴求,当对战争已经习以为常,人们渴望另一种变革。人们要建立新秩序,要改变生活,战争已经不再是优选方案,而那些四年前受征召入伍,每日每夜都在和死神相伴而行的人猛然发现，过去的四年，人们付出巨大的生命代价、青春的代价，到底所为几何？没有人知道。

没有人知道的还有这场战争到底会怎么结束，没人有正确预判，正如开始时没有正确预判一样。最乐观的人士曾经估算战争会持续到1919年，所以当1918年的11月份，参战方宣布战争结束时，很多人深感意外，旋即充满惊喜，残酷的、不知方向的战争终于结束了。正在对峙的双方接到终战的消息，就马上结束战斗，离开战场，仿佛之前双方只是商定要进行一场比赛一样，而现在终场哨声吹响，已无任何留恋。

皮特·恩格伦说，这本书的焦距对准的是战争中的日常生活，"所谓历史，正是这些平凡人物感受的小时刻"。而他们的"小时刻""小感受"，层叠构成历史这个大框架，历史的真相到底是什么？框架之下的故事会告诉我们。

> 1.每周锻炼6天。2.每周4天进行认真的有氧锻炼。3.每周2天用力量器械进行认真的力量训练。4.支出低于收入。5.不再吃垃圾！6.关心。7.联系和承诺。这些不仅仅是退休后的原则。

《明年更年轻》：
让老年不老

如果说《中年的意义》这本书关照的是40岁到60岁的人，那么，我手上这本《明年更年轻》，他的目标读者大概是在60岁以上。60岁，是一个什么年龄？"好像到了60岁，双脚就踏上了一条光滑的斜坡，一条长长的通往年老和死亡的斜坡。"事实果真如此吗？

这本书的作者是一个退休的律师和他的家庭医生，也许是因为律师退休之后，跟家庭医生聊的健康话题太多了，而且这些健康话题与大多数老年人有关，所以他们决定共同写一本书来聊聊,如何让老年不老。所谓的60岁以后的生存状况,是你自己选择的结果,而不是上天的判决。事实上,你完全可以像50岁一样,甚至像更年轻的人一样生活,并且拥有更年轻的身体条件——总之一句话,你不必以你之前以为的方式老去。

具体来说,跟年纪增长相关的那些正常老化现象,比如说身体虚弱、关节酸痛、平衡变差,以及感觉自己像个废物……这些感觉当中的十之八九,人们都可以抢占先机阻止它们,直到生命的尽头。

真的吗?

还是先从远古时期开始证明吧,谁让人类有着漫长的演化史呢,我们今天的一切身体特性以及生命发展,都深深刻着演化留下的痕迹!

话说人类祖先的生存状态跟我们此刻的状态相比,真的是天差地别。此时的我们,可以慵懒地坐着,甚至躺着,就可以拥有食物,但我们的祖先为了拥有食物,为了能够活下来,必须不停地奔跑,不停地躲藏,不停地攀援。甚至为了应对即将来临的恶劣天气,人们还要提前捕猎一些食物做储存，不然不足以度过艰难的岁月。

但现在这一切都不再需要。生存方式的改变当然给我们带来了很多幸福，让我们从谋生觅食的艰苦劳作中解放出来，我们的大脑可以去从事更多的创造，我们的身体也可以忙乎点别的，但这样的变化却最大程度地使我们身体各项机能退化，这种退化到了一定的年龄，就很容易带来早衰、早逝。

这不就是在说每天坐在电脑前、办公桌前的我们吗？所以作者观点是，对于人类来说，让自己激发出跟祖先一样的生存活力，机能就会退化得慢一些，换句话说，衰老也就来得晚一些。显然，我们已经不需要通过寻找食物这种事情去激发自己，那么激活自己的另一个方法就是运动。运动是一种有益健康的压力，它的"有益"到底体现在哪里呢？

我们都知道免疫系统很重要，它保护人们不受感染，但事实上，免疫系统的另外一个重要任务就是"每天拆除你的身体，方便你生长，在一个健康的身体里，拆除工作会触发修复过程，炎症本身会自动地触发修复"。很有意思的是，某种意义上，衰老会触发生长，但并不是所有的衰老都会触发生长，只有到达一定程度的时候才会。

举个简单的例子，当我们遇到一些突如其来的压力时，就好比是动物在大草原上奔跑，突然面对一个猎物，那个时候这种压力就会触发来自潜意识的身体的反应，所有的身体能量和努力，都会被调动来应对眼前的危险，全身都会被刷新一遍。如果不是这种突发的压力，而是慢性的压力，压力导致的衰老因素会不停分泌，它会引起身体的反应，但是这个反应又不够强大到可以来调动全身的反应来刷新身体，身体反而会产生持续的炎症，炎症却无法触发身体生长……这也是为什么适当的压力让人感觉精神抖擞，但是长期持续的慢性压力，却对人的生命力有极大的破坏力。

听上去意思就是，如果长期承受高压，自然不利于健康，长期承受慢性压力，也不利于健康，最好的方式是，将压力控制在一个合适的范围——可以激发身体刷新，又不至于引起机体疲劳。

我们现在不会在草原上奔跑，也不会突如其来遭遇我们的天敌，最常面对的就是慢性压力，该怎么办？怎样才能让身体触发出生长因素？让疲劳发挥最佳功用呢？最好的方法就是运动。让运动来唤醒我们的身体。

作者之一的这位退休律师，跑步、举重、骑行、登山、滑雪，样样运动都很喜欢。但你不要以为他天生热爱运动，恰恰相反，他至今记得自己第一次进入健身房运动的后果：他是早上六点半的时候去的健身房，跟着教练的要求骑动感单车，45分钟的课程，结束的时候，他走路已是跟跟跄跄，摇摇晃晃，勉强回到家，时间是7点45，但他说，"感觉自己的一天已经结束了，幸亏是退休，要不然的话连班都上不了"。

那时他刚刚退休，下决心遵照医生的嘱咐，开始通过运动减肥瘦身。第一次运动就这么惨烈，可能很多人就放弃了，但他没有，第二天又去了，第三天……就这样，他坚持了运动，而后，当他在运动中体会更多乐趣时，让他放弃，他也不会放弃了。

关于如何开始运动，关键的三个字叫作：慢慢来。

作者的一个朋友，退休的时候也是身体状况堪忧，比标准体重超了一百斤。医生要求他运动，他就从走路开始。起初走几步路就气喘吁吁，慢慢地，他开始延长自己的路程，每天多走一点点，到后来每天坚持走八公里，一年内体重下降五十多斤。再出现在人们面前的时候，他精神抖擞，同时也变成了运动爱好者。

还有一个朋友,在65岁的时候退休,体重94公斤,抽烟、喝酒都不少。当惊觉身边老友越来越少的时候,他下决心锻炼身体,但他只是游泳,并不节食,接下来两三年里,体重稳步下降至70公斤。再后来,他爱上了跆拳道,86岁那年,还获得了二级黑带。

这些老人无一例外,都从不爱运动,到接触运动,再到爱上运动,最后运动出了名堂。他们的体重明显下降,健康明显好转,原因就是,他们最初选择轻度的有氧运动,后来发展为深度的有氧运动,再增加无氧运动。通过这系列运动,老人强化了自己的骨骼、肌肉,并且改善自己的关节,大大有益于健康状况。

但是,爱上运动,并不是鼓励老人运动的终极目的。鼓励人们运动,是要让运动激发自己的活力,让自己有力气去享受生活,去解放内心。

运动到底可以带给人一种什么样的感受呢?我自己的体会是,你每天不至于一起床就感觉这一天已经要结束了,你也不至于每天都活得非常累,你可以让自己的整个身体都活跃起来，就好像是在充满绿色植物的森林中，伸了一个懒腰，深呼吸了一口气，从内到外冲洗了一遍。就像作者最喜欢用的那个比喻一样，"那一刻的你，就好像是在草原上奔跑的动物"。

作者说，在坚持几年的运动之后，有一天他在河边散步，突然就有了一种奔跑的冲动，于是就迎着风跑了起来。他描写的那个场景，让我想起了电影《阿甘正传》里面的那个片段，阿甘就是这样，走着走着，然后就跑了起来，跑着跑着，从这里跑向远方，也挣脱了他内心的枷锁。运动带给人的，正是这样一种生活的动力。运动让身体适度疲劳，触发生长因子，而这样的生长，让本来打算来侵扰你的所谓衰老又后退了好几年的距离。虽然说到底，运动跟长寿之间并不能划等号，有很多爱运动的人最后也会患病，但运动可以提升人们保持健康的能力，改善生活状态，对个人来说不失为一种通往良好生活的途径。

此外，运动也不是唯一让人保持活力的方法。作为一种会思考的动物，人类本能需要与他人进行情感交流，这种交流让我们感知自己的存在，也会让自己更年轻。很多人在退休之后，社交圈子就缩小了，而这种缩小无异于是一种"慢性自杀"；所以如果你身边的老人，喜欢煲电话粥，喜欢跟老朋友聊天，那就鼓励他们这样做吧，通畅的倾诉渠道带来的愉悦，也可以让衰老后退好几年。有人喜欢交同样热爱运动的朋友，那当然更好了，既能运动，又能保持情感互动，于身体和精神都大有益处。

为什么这本书的名字叫《明年更年轻》，而不是《明天更年轻》？因为运动带给人的好处，不是两三天就能显现；只有坚持运动，保持一种积极的生活状态，在未来的时光，人们才能收获回报。比如一年之后也许就会还你一个好脸色，年份更长，可以给你的回报更多，你会发现，尽管你已经六十多岁，但依然像一二十年前一样，精力旺盛，生机盎然。

好吧，作者说了那么多，无非是想说，其实延缓衰老是完全可以做到的一件事情，关键是人们要意识到这一点。不要以为60岁退休了，生活就开始走下坡路，其实，60岁以后的人生，处理得好的话，还有我们人生的1/3那么长，可以做的事情还有很多，还有很多梦想等待达成。你可以出游、写文章、做研究、从事公益项目，只要有状态，可做的事排队在等你。

只不过，60岁后的精彩生活，可不是突然间就会降临，总还要一些准备工作，这准备工作提前几年就要开始。比如说，在50岁的时候，你就要开始规划自己的后半生，开始锻炼，让自己养成良好的人际交往的习惯，你会发现那段人生也许比之前过得更加有滋有味，你甚至可能迫不及待向往60岁后的日子，因为那时生命力依然健旺，最重要的是，你还有了大把时光！

在书的最后，作者说，"黑夜将会降临，我们将独自跳下瀑布，不过不是这个星期，可能也不是这个十年，在这段时间里，让我们通过各种途径尽情玩耍吧"。

> 在远离尘世的空间里,除了放映机微弱的机器转动声,一切都静了下来。人影开始活动,朝我转过脸来,要我注意他们的命运。六十年过去了,这种特有的兴奋依然如故。

《魔灯》:
童年光影下的人生

这是瑞典影视以及戏剧大师英格玛·伯格曼的自传。所谓魔灯,是指放映机的光源,这个放映机是他童年时获得的一个玩具,每当因为种种原因他想要独处时,就会躲进衣橱,拿出放映机,点燃煤油灯,光线射在雪白的墙上,装上幻灯片,转动曲柄,就能看到影像动起来。这是他童年时自我疗伤的游戏,也是他热爱的一生的情感表达方式。

只是,一个只能用这样的方式来与自我相处的孩子该是多么孤独。很长一段时间,我都忘了这部传记原来的名字,读完它之后，我总是误以为这本书的名字叫《童年》。因为读完这本书，你就会发现，伯格曼用了大半生的时间，想要从童年的阴影里走出来，想要搞明白童年时不懂的关于家人间亲子关系的问题，他自己人生中的很多关系，也深深受到了童年生活的影响。

1918年，伯格曼出生于瑞典，他的父亲是一位牧师。他有个哥哥，后来又有了一个妹妹。伯格曼天生就是感情非常细腻的人，但在父母那里，似乎总收不到回应，这成了他人生最初的挫败。他说自己特别想要讨好母亲，逗她开心，但母亲却总是表现出不耐烦与冷漠，他也只好学会用冷漠来掩饰情感，与内心火热相比，这种掩饰令人极为难受。

比起母亲的冷漠，父亲则更加严酷。伯格曼的父亲是位牧师，对家庭形象十分维护。伯格曼稍微做点错事，就会被惩罚，被反复"审问"，被要求忏悔，被体罚或者冷落，长时间地没有人搭理……与身体上的疼痛相比，这种家庭惩罚最让伯格曼不能忍受的是那种"羞辱"，受罚人在被惩罚后，要去吻父亲的手，请求宽恕。

虽然伯格曼在很多年后，理解了父母的苦衷，"一个牧师的家庭仿佛生活在一个浅盘上,避不开别人的眼光",所以他们对自我的约束必须非常"坚硬",但这个"很多年",大约是在他的母亲与父亲先后去世前后,也就是在他六十多岁之际。从童年到这个年龄之间漫长的数十年,伯格曼都在苦苦挣扎,他不知道为什么不能从父母那里得到爱,他不知道为什么一个人的情感经常在内心涌动找不到出口,而一旦表达出来又失其本意?他为了找到跟父母之间的相处方式,用过各种方法,比如撒谎,假装成为父母乐见的人,但与真实的内心感受又有强烈的冲突,以至于大半生都为这种冲突所困。

伯格曼童年时跟自己哥哥的关系也很不好,哥哥比他大几岁,从哥哥那里,他感觉不到手足之情,他常常被捉弄,而不是被保护或照顾。他还清楚记得曾经的一件事:有一天,哥哥拿着一条做鱼饵的扭动的肥大虫子对弟弟说,如果弟弟吃下这条虫,就给他五欧尔;伯格曼真的吃下了虫子,哥哥却说,如果你笨到吃虫子的地步,我决定不给你五欧尔。

以我们今天的观点看,这样的捉弄以及"言而无信"对孩子的伤害是非常大的,很容易摧毁孩子的"安全感",事实上正是这样——不会给予爱的父母,常常捉弄自己的哥哥,从父亲那里获得更多宠爱的妹妹，这样的场景，构成伯格曼的童年，他的童年阴暗、晦涩、伤感，而他唯一解脱自己的方法，就是躲进衣橱，点燃煤油灯，放起幻灯片，沉醉于那些活动的影像。

青春期的伯格曼也很不容易，他很难融入同龄人群体，因为外表并不出众，他感受到巨大的压力。当别的青少年在海滩边游泳嬉戏时，"满脸疱疹"的他却在岸边石滩上，大谈特谈尼采。周末舞会也没他的份，即便男舞伴很少，即便是"奇货可居"，他也因为自己的舞技不佳而遭到冷落。青春期留给他的记忆就是痛苦愤怒、受伤沮丧，那段时间他沉默寡言，驼背走路，还喜欢咬指甲。

成年后的伯格曼有严重的神经性胃炎，现在我们也已经知道，通常在生活中承受巨大压力的人，容易犯有胃炎或者咬指甲这种毛病，而伯格曼的压力，应该从童年时就开始了。他还患有严重的失眠，有时虽然入睡容易，但常常被"令人作呕"的梦骚扰：凶杀、酷刑、窒息、毁灭、精神错乱等等，他的睡眠常常是被梦惊醒的。由于睡眠很差，他白天的工作效率很低，然而他面对的又是需要极多创造力的工作，日复一日，让他困苦不堪。

用现在的眼光看，伯格曼一家人都不善于表达情感，在这样的家庭里长大的孩子，成年后同样不善于表达情感。伯格曼与同事的相处很不容易。他敏感、易怒、烦躁，常常在排练或拍摄现场对同事发火。创作作品的压力是一回事，而是否善于控制自己的情绪则是另一回事。他在自传中写道，在排演《一出梦的戏剧》过程中，"忧虑不安、沮丧、疲乏，右臀部又受了伤，常常隐隐作痛，每天早晨更为难受。我的胃也常折磨我，不断胀气和腹泻。总之，我情绪消沉，闷闷不乐。"而这样的描述在自传里常能见到，他自己也说，每次与同事合作要崩掉的时候，他会是先离开的那个人，一旦发现有人要离他而去，他就会先采取行动。

我们可以看作这是他的一种自我保护机制，而这种机制的产生，正是因为童年时严重缺乏安全感，所以他不得不下意识地保护自己，而事实上，他终生都被自己的很多下意识举动困扰，总觉得哪里不对，但又不知道如何解决。

他处理亲密关系的能力更低。伯格曼一生有五段婚姻，还有若干段没有走入婚姻的亲密关系，他将情感视作生命的避风港,但是当遇到问题的时候,又不知道该如何解决,他常采用的方法是逃避。"我不信任任何人,不爱任何人,也不思念任何人……我被欲望、恐惧、极端的痛苦和良心上的内疚折磨着。"在其中一任妻子生孩子的那一晚,他甚至独自回到家里,"喝得烂醉,把旧玩具火车拿出来,一个人默默地专心玩了起来,直到不知不觉躺在地板上睡着。"

在数段婚姻和亲密关系过后,他有了七个子女。自传里很少提到他跟子女的关系,偶尔提到,也不是愉快的结局。他的第三任妻子贡死于交通事故,伯格曼和他们的儿子小英格玛要一起参加丧礼,他们在公寓先见了面,而在这之前,他们已经好几年没见面了。"我们默默地坐着,一言不发,只希望时间过得快一点儿,但事与愿违……我笨拙地想跟他谈一点关于他母亲的事情,但他马上流露出一副很轻蔑的姿态。当我坚持要谈时,他突然用蔑视的神情盯着我,我只好住嘴。"饱受父亲冷酷之苦的伯格曼,也没有学会如何做一个父亲,他与儿子的关系就像当年他与父亲的关系一样,只是留给当事人无尽的伤痛与遗憾。

然而伯格曼并不是完全没有值得信任的关系,他与哥德堡市立剧院的院长托尔斯滕·哈马伦就保持着终生的友谊。友谊的开端还是"不打不相识",两人因为对演员表演的不同调度(哈马伦本身就是一位杰出的性格演员)而大吵一场,差点要动起手来,而两人遇上的瞬间,双方都意识到这很滑稽,于是大笑起来,"托尔斯滕拥抱了我"。在这部自传里,我几乎没有看到伯格曼记录过自己的父母拥抱他的情节,但他清晰地写下了这一句,并且紧接着写道,"刹那间,我在心中把他视作了父亲,自从上帝遗弃了我,父亲的形象也就一直缺席"。好在这次伯格曼的情感呼唤有了回音,托尔斯滕确实接受了这个角色,并且在之后的岁月里,给他提供建议、配合他的作品,让伯格曼感到难得的温暖。

自传里的伯格曼严厉地剖析自己,他几乎没有放过自己任何一个值得批评的地方,也没打算说自己一句好话,但是有一点必须肯定,尽管他一直在痛苦中挣扎,其实却有顽强意志。他说自己一生中也有过一两次想要自杀的念头,之所以没有实施是因为自己对这个世界充满好奇,好奇心盖过了想死的心。事实上,有很长的时间,他陷入抑郁、极度消沉,不得不入院治疗,在药物的作用下变得"无欲无求"。在出院时候，他渐渐减少药物用量，转而用强大的意志力来控制自己的生活。他给自己制定了严格的时间表，白天和黑夜分成准确的时间单元，每个时间单元都安排事情，并且安排交替休息，他用这种方法保持清醒，对抗剧烈痛苦。

虽然伯格曼常常说自己的作品什么都不是，在他笔下，成功的、值得称道的作品没几部，大部分都让他各种不满意，但真相却是，他是世界公认的影视戏剧大师，他得过包括奥斯卡奖在内的国际性专业奖项近百项，他的《芬妮与亚历山大》《呼喊与细语》《第七封印》《野草莓》《魔笛》等诸多作品也是世人公认的经典。伯格曼在自传里的态度证明他很清醒，同时也很诚恳。他记得每部作品诞生背后的"动荡"，也记得那些观众看不见的失败，他选择用将它们说出来的方式来寻求内心的平衡。同样，在生活中，他憋了大半辈子的话，也要以说出来作为某种终结。

在他哥哥去世那一年，两人见过一次面，尽管童年时深受哥哥的捉弄，但这次他惊讶地发现，两人都已经是老人，恨意已经消失，但也来不及建立爱。伯格曼最终是理解他哥哥的，哥哥记得的关于父母的事情比他多。哥哥说其实父母虽然不可捉摸但见识广博,哥哥自己也深受父母不会袒露爱的亲子态度的伤害,他也在讨好父母但没有结果。伯格曼说:"对于哥哥的心病我是理解的,他始终生活在父母那相互冲突、令人窒息和无法理解的阴影之中,哥哥是被愤怒气倒的。"伯格曼后来还整理出了哥哥的自传,在哥哥留下的文字里更清晰地认识了他——我突然想起在《魔灯》这本书里伯格曼自己讲过的一个关于英格丽·褒曼的故事:她是《秋日奏鸣曲》的女主角,跟这部电影同时开拍的还有记录电影拍摄过程的一部纪录片,那时英格丽·褒曼身体、状态都不好,这部纪录片"不完全"是对她的奉承,看完后,她沉默了很久,然后说:"我要是在开拍以前看到这部纪录片就好了。"

要是他们兄弟俩更早彼此相惜就好了,而不是纠缠在过去的痛苦时光里,那样至少在生命尽头,彼此还有爱。

他们一家人中,最早去世的是伯格曼的母亲。母亲的去世其实极大打击了伯格曼。他专门写了一个章节,想象母亲还在,他向她问了一连串问题:"我们已成为朋友,对吗?原来那种母子的角色分配已不复存在,我们已成为朋友了?""为什么我哥哥久病衰弱?为什么我的妹妹发出令人心碎的尖叫？为什么我也带着不治的伤痛？""我们是用面具代替了表情吗？我们用歇斯底里代替了感情吗？我们用羞耻和罪过代替了友爱和宽恕吗？"而他最终想问的问题无非是那句话：母亲，你到底有没有爱过我？

这些问题他已经得不到答案。后来伯格曼发现了母亲的日记，仿佛那是一个陌生女人的日记，包括父亲在内，好像谁都没有真正了解过这个女人。生活的苦楚她从来没有说过，她承受了太多东西。伯格曼写道："我们全家人都很善良，但秉承了灾难性的负罪感，而且都承担了太多索求。"他为母亲拍了一部短片，专门记录母亲的脸，他渴望着母亲转过头来，看见他（我觉得不只是外观意义上的看见，而是心灵上的关注），就像他无数次在银幕上制造这样的情节一样——主角转过脸来，故事开始。

伯格曼的母亲去世后，他跟父亲的走动频繁了些，虽然童年时父亲那么严苛，伯格曼细想之下，也还能想起几件跟父亲出游的小事：跟父亲去游泳、坐在父亲的膝盖上钓鱼……父子的温存很少，伯格曼记住了这几件，并且对自己说，其实父亲也有温柔的一面。父亲在弥留之际，拉住伯格曼的手,不停地为他祷告。在父亲去世后,伯格曼猛然发现,自己"隔着令人绝望的距离想念他,带着亲切的爱意"。

伯格曼的这部自传写于69岁,而他89岁那年安详地在家中去世,这20年的时间里他没再写过自传,或许因为,他想说的所有话,都已经在《魔灯》里倾泻而出,他虽然长年挣扎于童年的阴影,但最终选择了与它和解。

他已经没什么要说的了,他说自己年纪上去了之后,睡眠比年轻时好。

> 将一个人奉为圣人其实是一种切割和疏远,暗含的意思是,作为普通人的我无须像您那样行事。称赞其实只是伪装的借口罢了。

《陌生人溺水》:
行善的边界在哪里

这本书的名字,来源于一个古老的哲学命题:如果你妈妈和陌生人同时溺水,你会怎么做?延伸开去的问题可以是:家里人犯了罪,你会举报吗?面对身边一个人受苦,和新闻报道里说的远处受苦的一百个人,你会选择帮助谁?眼前有一个垂死的老人,还有个奄奄一息的小孩,你会选择救谁?这些问题拷问我们,救和不救的边界是在哪里?普通做好事的人和那些极端的行善者,他们的区别又在哪里?

世界上有这样一种人,他们喜欢做好事,但是会选择极端的"牺牲",就是愿意将自己的生活所需降到最低,去帮助他人。他们不是那种常见的"兼职行善者",兼职者本身拥有一份有价值的工作,只在有条件的情况下对别人伸出援手,他们在忙完一天的工作后,还是会回归日常的家庭生活。但极端行善者不一样,行善,就是他们的工作,他们眼里只有别人,没有自己,他们是自发走向道德极端的。

因为这样的行善者相对比较罕见,所以增加了他们被世人理解的难度。在《陌生人溺水》中,提供了许多行善者的故事,人们可以借以了解他们的生活,试着去理解他们,试着去找那个哲学命题的答案。

第一个故事,主人公叫查理·格雷。书里面好几个故事的主人公说曾经受到他的故事的影响。他曾是一个大学教授,最初因为害怕核战争而抗议核电站的存在,继而辞别学界,成了一名反核与反贫穷的全职活动家。后来有一天,他开始捐钱,在他捐掉了家里一半财产的时候,他感觉到了一种解脱的兴奋。即便这样,他依然觉得自己拥有的太多了,还是觉得内疚。最后,留下了少数衣服和家居用品之后,他捐献了自己所有的财产,感觉到了坦然。至于日常食品,他学会了到垃圾堆里去翻拣食物,而且他也知道在生活的那片区域,最容易翻拣到合适食物的垃圾堆在哪里。

查理·格雷把自己的生活推向极致,他永远不愿意在生活中感受到轻松感。到后来,他跟自己的伴侣甚至开始训练自己绝食。但令人沮丧的是,当他真的在一次绝食活动上绝食了几十天之后宣布不再继续,却引起了一些活动家的愤怒,他们指责他违背了自己的承诺;而另外一些人则说,他怎么会选择绝食来表达意见?因为绝食是种暴力的做法。

无论如何,极端行善的查理·格雷还是影响了身边的人。曾经跟他一起生活的多萝西,也成了一个相对极端的行善者。他们一起去捐献家产,一起绝食,后来一起到非洲做志愿者,给当地人提供义务的诊疗。做这样的志愿者,需要战胜当地恶劣的生存环境,同时也要承受军事冲突的风险。历经千难万险,多萝西坚持了下来。查理·格雷已经去世,她并不是没有困惑,"如果一切只是为了创造一个消费者的国家,那么还有什么意义"?但她八十多岁依然在坚持给别人带去帮助的工作,答案或许不重要了,工作,是她追求幸福的唯一方式。

接下来要讲的这个故事是关于一个叫亚伦的人,他四十多岁,在一个大型的动物权益组织工作。他还在读高中时,就认定食肉是错误的,从而选择吃素。他也听说过查理·格雷的故事,查理曾经依靠每年200美元生活,虽然亚伦不清楚怎么才能做到,但是他也发誓尽量靠近这个目标。

他决定要去做事,做什么呢?世界上很多人都关心小猫小狗,也有很多人关心兔子和奶牛,亚伦想了半天,选择了一样别人都不怎么关心的动物——小鸡。这个选择过程可能会引来诟病,难道行善者做什么事情是出于一种仔细的考量吗?难道他们会刻意选择自己的帮助对象?难道原则就是尽量找别人没做过的事?

亚伦一旦决定了自己想要保护的对象后,发现生活中随处可见痛苦的动物。他将自己完全贡献给了他想要从事的事情,为动物权利鼓呼奔走,也参与机构工作为穷人发放饭食。他投入做事,自己的生活反而一团糟,比如说他很不喜欢洗碗,当女朋友让他洗碗时,他的回答是,洗碗的时间可以用来为动物争取权利,后者更加重要。

他让自己的年度开销变得越来越低,原来是两万多,然后降到几千块。到后来,他甚至意识到,时间跟金钱一样也有价值，于是对时间也抠门起来。他画流程图、列清单，便于有效利用自己的时间。他把电脑装在卧室里，只要翻下床就可以直接按下开机键，省下时间。他甚至为去卫生间而不得不走的那几米路抓狂，觉得特别浪费时间。他减少晚上睡眠的时间，每晚只睡三到四个小时，从而腾出更多时间来工作……

亚伦在自己的工作中找到满足感，他也感觉到真正的开心。虽然跟女朋友分了手，但后来还是有了志同道合的新朋友。他跟朋友们开玩笑说，如果大家看到他过得太过轻松而忽略了自己的责任，可以采取极端的方法。

并不是每个行善者给周围人的感觉都那么极端，也有的行善者是温和的。牛津大学道德哲学系的年轻教授托比就是其中一个。他读研究生的时候，就发现自己拿的奖学金绰绰有余，等到成了教授，他觉得多余的薪水完全可以捐献出去，帮助更多人赢得健康。在帮助他人获得健康与让自己的生活锦上添花之间，他毫不犹豫选择前者，于是他真就这么做了。跟查理·格雷不同的地方在于，托比留给自己的钱，至少还够普通生活。

托比也鼓励别人捐钱,但在公共场合谈论他的观点时,托比会尽力避免让别人感到愧疚。通过让别人心怀愧疚从而摸出口袋里的钱,总不是一件长远的事。

很多人认为,行善者的想法尽管在他们自己看来是慷慨的、正义的,但是别人看上去会觉得,这是不是一种爱的缺乏?正是因为不会爱身边人,才选择将善意投射到别人身上?其实这样说,对行善者来说,也是残酷的,他们可能没有花太多时间去考虑对爱的理解,他们只是想帮助别人,然后就做了。

行善者确实会给家人带来困扰,比如之前那些案例,在决定将自己的所有家产捐出的时候,首先要经过的就是家人这一关。在日常行善的时候,家人也在同步承受这样做的代价。

有一个叫金伯利的人,她也喜欢帮助别人,热爱自己的工作,热爱到同事都觉得她是不是感情过剩、太有同情心了。她跟先生一起收养了几个孩子,组成了一个愉快的家庭,他们去各地参与机构工作做好事。有的地方环境太差,孩子一次次地生病,或者遭遇意外的风险,好几次在死亡线上挣扎。还好孩子们都幸存下来,长大后有了自己的生活,而且对父母也都能理解。我觉得对于冒险与不安并存的行善行为以及始终坚持这样做的父母来说,孩子的这种态度简直是最好的结果。

金伯利虽然做了一辈子好事,但她依然希望自己可以特别具体地去做一件,就是明确知道自己在帮谁的一件事。有一次她看到一则消息,说有一个病人需要进行肾脏移植,金伯利意识到,这就是那件事。她勇敢地捐出了自己的一个肾脏。早些年,器官捐献首先遇到不解是家人的,其次是周围人的。很多人会有这样一个疑问,为什么要选择这种方式来做好事呢?这个方式是不是经过特别的选择?随着时间推移,人们越来越能体会其中的伟大,尤其当确实有很多人在捐献者的帮助下重获生命,这样的故事有足够的说服力。

看这些行善者的故事,总有人说,是不是这些极端的行善者精神上有什么问题?他们是在自我惩罚吗?还是他们身处不快乐的抑郁中,生活不愉快,还要强迫自己承受这种不愉快?

确实,有的行善者是不快乐的。他们成长过程有很多辛酸的故事,希望通过做好事,让自己内心获得平静,至少过上跟以前完全不同的生活。某种角度来说，这也是对自己的一种救赎与安慰。有的行善者真是快乐的，他们在行善过程中，找到了归属感，感受到爱的付出，也感受到了目的的实现。

如果人人都像极端行善者那样，那这个世界无法想象；而如果没有行善者的话，世界毫无疑问会更糟。世界上有很多人是下决心去为陌生人做些什么的，他们的故事也会成为案例，让更多的人也跟着去尝试。尽管这些人看上去古怪、不近人情、对人对己严苛，但是他们在帮助别人，这一点是真实的。

对于普通人来说，我们需要解决的还是一个"边界"的问题：在这个世界上，该如何爱自己与家人，如何帮助别人，这条边界在哪里？确定边界在哪，就会确定人们的行为。最终，不管是成为一个温和的利他者，还是一个严苛的行善者，终究会让自己内心平静。

> 生活从来都不是跳跃着向前推进,而是逐渐展现的。在某个特殊的时刻,这些成千上万的细微变化才开始显露山水。日常生活中的琐碎小事很可能会潜移默化地改变我们的本性,就像一小撮胡椒粉就能让一整锅菜完全变味。

《莫斯科绅士》:
站在历史洪流中

当亚历山大·伊里奇·罗斯托夫伯爵在 1922 年 6 月被判终身囚禁于大都会酒店的时候,他远远没有意识到,自己在某种程度上已经成了"世界上最幸福的人",这个评价是他的一位终生挚友在几十年后给出的。因为这位朋友最终意识到,当周围的人随着社会的各种变迁而奔波的时候,独有亚历山大在一个看似牢笼的地方,保存了心灵的真正安宁。

这是埃默·托尔斯的作品《莫斯科绅士》里的情节,故事的开端就是伯爵被判"囚禁于酒店"。这个开端那么特别,令人始终为绅士的命运担心。因为我们大概知道俄罗斯的历史，知道在20世纪20年代及以后，整个社会将会发生怎样的变化，我许多次按捺住翻到最后一页看故事结尾的冲动，只静静地跟着讲述者走，时而是幸福的一步，时而是惊险的一步。

这位亚历山大·伊里奇·罗斯托夫伯爵（读者常常在俄罗斯巨长的人名面前败下阵来，幸运的是这部作品里大部分人的名字也就这么长，看两遍也就不会跟其他人搞混了），之所以会受到政府的审判，当然是因为他曾经的身份，也因为跟沙皇政府亲近的关系。然而这位伯爵本来可以逃脱审判的，因为革命发生的时候，他远在巴黎，但是他选择在大革命之后，看上去对旧贵族非常不利的情况下回到了故土。在法庭上检察官问他，回来是不是要谋反，他回答说，只是想念这片土地了……整部作品，都在证明伯爵在故事开头的那段审讯中讲的话——他对这里的土地、气候与人，怀着多深的热爱。

故事开始，我们便知道他身处监禁之中，但这可是赫赫有名的大都会酒店，有高级客房、料理水平很高的餐厅、理发店、花店、裁缝铺……可以这么说，除了他被禁止走出酒店之外，这个空间比一般的监狱大得多。当然对他来说，变化还是大的，他不得不从自己住了四年的高级客房搬出，搬进酒店阁楼一间只有九平方米的杂物间，除了几件亲人留给他的纪念物之外，别的都没有搬进阁楼——他比常人更能舍弃身外之物（而且带走了也没地方放）。也是，如果不是因为不在乎某些东西，他又怎么会在很多人逃离的时候逆向选择回到故乡呢？他在乎的，从来都不是身外之物。

然而作为一名绅士，对生活的审美，轻易不会消失。伯爵依然保持着每星期在固定时间理发、准时到餐厅吃饭、饭后回房间阅读的习惯，而且他对美食标准也不轻易改变，比如他认为不同的主菜就应该配不同的美酒，"如果你点的是拉脱维亚炖菜，那来一瓶穆库扎尼（一种格鲁吉亚产的红葡萄酒）最好不过了"，"炖小牛肘配1912年的圣洛伦佐的巴罗洛葡萄酒"，"吃羊肉该喝1899年的拉图堡葡萄酒"，没那么多钱，就喝"罗纳山庄的"……

伯爵一度认为，经验是很难被取代的，他所受的教育、教养，是最值得骄傲的东西，但他很快就认识到，这种想法是错误的。因为想要摧毁这些经验非常简单，另辟一条路就是，经验将完全派不上用场。总有人是受不了像他这样对生活品质的要求的,更何况这与当时的社会风潮完全背离。于是,有一天,伯爵吃惊地发现,酒店里的所有酒,只剩下了"红色"和"白色"两种,也就是说,什么"穆库扎尼"、"拉图堡"都没用了,你只需决定,你要喝白的还是红的。所有酒瓶上的标签都被撕去了——就像不再欢迎人的身上有个性一样。

这只是其中一种变化,所有的变化加在一起,指向一个结果,那就是,伯爵内心深爱的这片土地,发生了巨大的变化。他曾是那么热爱自然的一切变化,"早降的霜冻,持久的酷暑,不详的云层,枯弱的雨水,还有雾霭、晴天和降雪等",但这些渐渐失去了意义。人们不再去感受这些东西,而渴望更多轰轰烈烈的变化,而变化将他原来深爱的一切,都连根拔起了。连伯爵这个曾经骄傲地宣称"绅士是不惧怕变革"的,都开始怀疑起他经历的一切。

我曾经以为非常洒脱的这位伯爵,居然在被囚禁数年之后,决定告别这个世界!对于他那一刻的颓唐与悲伤,读者完全能够理解,但是这就是故事结尾了?!我下意识地看了一下整本书的厚度,嗯,三分之一左右,那就意味着后面的故事还很长,但那是写伯爵本人的故事呢?还是写别人的故事呢?他真的就这样告别他心爱的世界了吗?

就在伯爵站上天台准备纵身一跃的那刻,他的一位朋友,以天台为家的老修理工叫住了他,与其说是老修理工叫住了他,不如说是来自家乡的蜂蜜叫住了他——修理工养着一大群蜂,平时伯爵就在这里跟修理工分享蜂蜜的香味,时不时回忆自己的家乡。而就在前不久,蜂群神秘消失了,原来,它们经过长途跋涉飞到一百多英里之外,又回到这里,带来了伯爵家乡的味道——又或者是家乡叫住了他,"蜂蜜中隐含着的并不是莫斯科市中心的树木和花卉的馥郁,而是河岸边芳草的气息,夏天微风的痕迹,它令人想到藤蔓缠绕的凉亭。最重要的是,蜂蜜中绝对还有千百棵苹果树上的花朵的精华"。是的,这正是伯爵念兹在兹的家乡,也是他以为再也回不去了的家乡,仿佛是天意安排,就在他决定告别世界的这一晚,家乡来到了他身边。

人们认同伯爵一开始说的那句话,"时代的确会变,而作为一位绅士,我就该跟着它一起变",如果说之前的颓丧差点让他做出令人遗憾的事,那么经过这场"风波",他又回到了认同价值的样子,那就是,真正地顺应时代变化。既然如此,就不能没事做,他决心改变自己,于是主动要求去餐厅做领班。

真正让伯爵沉下心来生活的,是另外一件事。他的忘年交尼娜,将6岁的女儿索菲亚送到他这儿,几乎是以"托孤"的方式请他帮忙照顾,自己却跟丈夫去了遥远的西部,而且再也没能回来。本来短期的照顾,变成了长期的抚养,伯爵身上的这个担子变成了沉沉的责任。他从未有过孩子,完全不知道如何跟孩子相处,也完全不知道孩子世界里"通行的语言"是什么,但他从此必须要学会做一个父亲。

作者对伯爵这个角色倾注了极大的爱,以至于我没有看到他身上有什么缺点,他热爱生活,照顾朋友,遵守规则,智慧,隐忍,勇敢,好像任何一个跟绅士有关的词,用在他身上都不为过。其实在索菲亚长大的过程里,他们所在的国家还在不断发生变化,对一些人来说,是变得越来越严酷,他们被流放、被关押,长年失去自由,甚至失去踪迹,最后失去生命。伯爵自己的两个好友,一个是青年时就结下深厚友情的至交,一个就是刚开始囚禁时遇到的忘年交尼娜,都是经历这样的生命轨迹。他们很努力投入社会变革的洪流，最后被洪流吞没。显然伯爵对这样的结局是又心痛又愤怒，但他绝不轻易表现出来。

我觉得"莫斯科绅士"这几个字，并不仅是用来形容亚历山大·伊里奇·罗斯托夫伯爵的，他的朋友、酒店里的大厨、主管等人，也都如绅士一般行事，他们在那样的年代，坚持着某种底线，尽管非常艰难。就像《纽约时报》的评论所说，作者"写得好的地方不是奇迹与巧合发生的时刻，而是那些处于故事外围的人身上发生的巨大转变。他们在一起度过的几十年中，彼此成为密友、同人、至交"。这些友情都是用时间证明过的，事实上，他们在伯爵最后的命运中，扮演了重要的角色。

小说里有一个很吸引人的段落，是讲伯爵跟餐厅主管以及主厨，很长时间里都保持着每天深夜"三巨头"开个会的习惯。"开会"时他们尽情交流感受，分享美酒，保存人间那点美好。而他们心心念念要完成的一件事是，要做一份法式海产什烩。要做这份菜，需要15种原料，其中的11种尚能想办法弄到，剩下4种却是难而又难，其中一种是苦艾酒

(当时是被禁的),还有藏红花、橙子等。他们为了做这个菜,等待了三年,终于有一天,万事齐备。

关于法式海产什烩的这段描述很长,显然讲述者想尽情表达在那个艰难时世,人们对美好的追求有多强烈。汤是用鱼骨、茴香和西红柿煨出来的,带有浓郁的法国普罗旺斯的味道,黑线鳕鱼片和海生贻贝是从渔人码头买来的,汤里还有西班牙橙子的味道,细细品尝还有苦艾酒的味道,然后是藏红花……"只要尝上一口,你就能立刻感觉到,自己仿佛置身法国的马赛港——那个满街都是水手、小偷和漂亮女人,到处充满着夏日的阳光、鲜活的语言和生命的地方"。莫斯科的绅士们此刻不是在品尝美味而已,他们想念的是"夏日""鲜活""生命",这也正是那么多年的生命里,他们最缺乏的东西。

你猜伯爵最后去了哪里?最重要的是,最后等着他的,是他在大都会酒店几十年的时光里,收获的唯一且深刻的爱情。他"举步朝酒馆最里面那间摆着一家老式俄罗斯火炉的小屋走去。在小屋的角落里,有张双人桌。坐在桌旁等着的她,头发虽然已经斑白,身姿却依然像杨柳一样婀娜",那个女子,在整个故事里第一次出现的时候,就是"如杨柳般摇曳生姿的身影",那是31年前的事。看到这里,读者那悬着的心终于放下,眼眶突然发热。同时,读这本书的幸福之旅就此终结,心里却又是深深的留恋。

埃默·托尔斯在笔下建造了一个宏大的世界,背景是时代的巨变,各色人等来来往往,而他就是那个穿针引线的人。小说里有一个一闪而过的人物,是个建筑设计师,他画过各种建筑图,其中一幅就是伯爵工作的餐厅。画面里,有一个巨大曲柄突兀地从外墙上伸进,上方还有一个六十来岁的老人,手正搭在曲柄上,作势催动整个餐厅的运转。设计师笔下的老人当然指的是亚历山大·伊里奇·罗斯托夫伯爵,但是对于整部小说来说,埃默·托尔斯何尝不是那个人。他用精巧的构思、不慌不忙的讲述、幽默而深情的语言,带大家进入一个旧时代,去看彼时的优雅与品质,感受尊严与骄傲,去看一个人心中对故土的挚爱。那种真正的爱,不随社会风潮来去而变化的爱,在冰冷的世界里,如何征服并且温暖周围的人。

同情并不意味着同意,而是一种对真实感受的承认。

《母爱的羁绊》:
家庭的灵魂是母亲

"多年来,你被迫成为妈妈希望你成为的样子——不管是外貌、举止,还是信仰、价值观。现在,应该关注的是你希望自己成为什么样的人。"麦克·布莱德,一位美国注册婚姻和家庭治疗学家,已有28年的心理咨询实践经验,是治疗家庭问题方面的专家。过去很长时间,她都在从事有关自恋家长对女孩子影响的研究,而研究的最终所得就是这本《母爱的羁绊》。书中的案例、人物都来自于她的临床工作、研究,甚至是她自己真实的生活经验。

这种经验的一种表现是，多年来，不管麦克·布莱德去哪里，她脑海中总有一群苛刻的批评者在念叨，"你做不到，你永远不能把一件事情做好"。这让她的情绪变得十分糟糕。更奇怪的是，这种感觉并不唯她独有，具有同样感觉的人很多。那么这种感觉是从哪来的？背后的原因是什么？经过研究，她发现，症结竟然是母亲。她们的母亲，可能在情感上非常贫乏，对自我又极为关注，导致她们无法为女儿提供足够的爱与情感支持，久而久之，女儿陷入了某种困境，无法拥有正常的自我。

母爱本应是伟大的，母爱为什么反而会成为羁绊呢？

麦克·布莱德遇到一位咨询者，妈妈是位有才艺的钢琴家，咨询者虽然也学了多年钢琴，甚至办过独奏会，但始终达不到母亲的期待。直到咨询者本人成年，母亲还会嘲笑她，这也成了女儿心里长久的痛。还有一个咨询者说，自己的妈妈居然以天气太热为由不参加自己的毕业典礼，而毕业典礼对一个学生来说太重要了，她不能理解母亲缺席的真正原因其实是因为嫉妒，这让女儿长期困惑不安。

有的母亲的自恋是全方位的，整个家庭都需要以她为中心来运转；关注她的情绪如何，完全以她自己的感受出发，全然不顾对孩子的影响。有一个咨询者想跟母亲谈谈自己恋爱的感受，母亲说了一句"我不想讨论这件事"就挂了电话，关上了沟通的大门。而事实上，当母亲不允许女儿表达自己的真情实感时，双方也就没办法建立感情纽带。自恋者最严重的问题之一，就是没有体验其他人感受的能力。在家庭内部，缺乏这种能力会导致不良互动，而在公共空间里，这种能力，就是道德的心理基础。

在类似这种母女关系下长大的女儿，会不由自主地将母亲常年传递的负面信息内化。具体的事情或许忘记了，但那种不良情绪却会深植于心，导致女儿对自我的否定。她会变得焦虑，总怕让母亲失望，母亲既然无法给予爱，一定是自己哪里做得不够好，那就逼迫自己越来越好，然而不管自己怎样努力，却又惯性地否定自己……现代社会中的很多女性都有焦虑的一面，而让她们放松下来，对孩子成长、对家庭及至对社会都有好处。不仅仅是"妈妈的情绪里，藏着家庭的福祉"，麦克·布莱德之所以聚焦于母女亲子关系，是因为她发现，如果能把母女亲子关系中的问题剖析清楚，不让母亲的问题延续到女儿身上,就有希望帮助女儿们成为更好的母亲——尽管母亲们不会爱,但是女儿(未来的母亲)依然拥有爱的能力。

那么,有问题的母亲究竟是怎么产生的?

首先要知道,这些母亲也并非生来如此。当她们还是孩子的时候,很可能在爱与同情心方面也遇到过难以克服的困难。很可能母亲的母亲就有人格障碍,一切以自我为中心,久而久之,母亲也就成了一个没法对自己的行为与情绪负责的人,然后将这种不良的东西继续投射到自己女儿的身上。

其次,在一个有自恋母亲的家庭中,很可能其他的家庭成员也在无意中帮助母亲。比如很多咨询者都在倾诉一个问题,爸爸去哪儿了?为什么爸爸总是支持妈妈,而不保护我?麦克·布莱德根据大量咨询得出的结论是,父亲当时正围着母亲转呢,像一颗行星围着太阳转一样。因为自恋的人所选择的结婚对象,往往是一个允许自恋者处在一切行动中心的人。在这样的家庭关系里,由于父亲是自恋母亲坚定的支持者,孩子会感觉非常无力,同时很绝望。我曾看到一些小文章,讲父母如何在意自己而忽视孩子,虽然内容时常让人发笑,但细想之下,也捏了一把汗,孩子的感觉就那么不重要吗?为什么不担心自己的忽略对孩子造成伤害呢?

父母在亲子问题上处理不慎,结果孩子成了承压者。那么,母女亲子关系不好的家庭中成长的女儿,长大后会变成怎样的人?

有的女儿会成为高机动型女儿,想要向母亲和世界证明自己有多么优秀——因为母亲从来没有正面承认过她的本性的价值,没有给过她无条件的爱,她只有做得好时才能得到一丝赞扬,她就会把自身价值建立在功成名就之上。其实高机动型的女儿并不是不好,只要她真的能够照顾好自己,并且从追求卓越的过程里找到乐趣。怕的是那种外面看着很优秀很风光,但内心疲惫不堪的状态,这其实非常伤害女性自己。但糟糕的是,很多高机动型女性不仅不快乐,还严重怀疑自己、缺乏自信,因为无一例外,她们都有一个曾经不断批评、指责她们的母亲,她们成年后接过母亲的接力棒,批评、指责自己的反而变成了她们自己。

还有一种女儿发展成自我破坏型。自我破坏型与高机动型,起源都是母亲的指责与否定,只不过一个发展成为拼命证明给外界看，一个则发展成为破罐子破摔，反正你说我不行，那我就不行给你看好了。不管哪种类型，她们值得同情的地方在于：都不懂得爱。而原因也都很相似：因为没被母亲爱过。

麦克·布莱德曾遇到一个当事人，她面临择偶问题，却没法确定应该找怎样的人。因为，母亲如果没法在家庭中建立良好的伴侣间、母女间的关系，女儿就没有健康关系的模板，也很难学会寻找适合自己的人。甚至女儿常常会找一个同样不会爱的人，因为她潜意识里面要找的，就是一个不亲密、不敏感的人，因为她从小到大就是生活在不亲密的关系里，母亲给她的印象就是这样。

有的咨询者对作者说，不知道为什么，自己总是跟那些过得一团糟的人搅在一起。还有的人说，自己的恋爱关系好像缺少感情这种东西。还有人说，自己对异常行为特别能包容，在恋爱关系中，自己付出八成，对方付出两成，就会很舒服，而五五开就很不舒服，觉得自己付出太少了！天哪，这是对健康的感情多不习惯，才会有这样的反应！

这种恋爱故事，都不是健康的关系，最让女儿们害怕的，并非恋爱这个环节，而是做母亲这个环节。因为妈妈从未跟自己建立良好的关系，所以很多女性在自己做了妈妈之后，也非常担心会让孩子受伤，担心自己没有能力胜任一个妈妈的角色，这种恐惧加上与生俱来的母爱，会让年轻的妈妈产生持续不断的焦虑。她们知道，学习自己的母亲是不对的，但她们或许不知道，全然走向另一个极端也是不对的。

最终的一个平衡点，应该是既照顾自己的观点和需求，但也包容母亲的部分，尤其是好的部分。

怎么来寻找这个平衡点？怎么来让自己忘却在自恋母亲身边长大带来的种种压抑、不愉快、不自信，而让自己成为一个有能力给孩子带去安全感的妈妈呢？换句话说，这个强大的自我从哪里来？

康复当然是需要的。麦克·布莱德给出了几个康复的步骤。第一步，理解问题所在。第二步，对问题带来的情感体验进行处理。也就是说，要学会处理自己的情绪，比如释放自己的情绪，承认自己的悲伤，也面对自己的痛苦。这个过程就像揭开旧伤疤一样，会产生各种感受，但当所有的情绪都释放出来的时候，就意味着某种放手。之后进入第三步，就是用新的方式来审视问题,当真的可以用全新的视角来看待一件原本令自己很痛苦的事情时,也就意味着自己可以逐渐摆脱母亲留下的创伤。

到最后,女儿们会接受妈妈的缺点,也就是说,以前,觉得妈妈不爱自己,是因为自己不好,现在明白,妈妈不爱自己,是因为妈妈不懂爱、不会爱。这种接受与理解,会帮助自己完全从母亲的阴影里面走出来,真正成长为一个跟母亲不一样的独立个体。当女儿自己成为成熟的、理性的女性之后,会发现跟母亲的相处反而容易,首先是对母亲的某些言行举止反应没有那么强烈了,因为已经有了心理底线;其次,因为已经学会处理自己的情绪,母亲不再能够轻易激起女儿的痛苦;最后,由于女儿已经接受了母亲的缺点,已经对一些问题有预判有准备,一切反倒顺畅了。

合上这本书的时候,我深深觉得,生命最初受到的挫折,会影响人的一生。如果能够多知道一点挫折的由来以及影响,或许会帮助更多女性成为最好的自己,当她选择做一个母亲,也能惠及自己的孩子。

或许很多人内心都有伤,但是成熟的定义,恰恰在于人们能够意识到伤口的存在,去处理它,越过它,创造与之前不同的生活。剖析母女亲子关系,并不是为了将成长的责任统统推到不成熟的母亲身上,而是要跟自己的母亲共同解决问题,"往事已矣,来日可追",毕竟,共同成长才是最好的成长。

> "有些工作是非我不可的。""为人父也是非你不可的工作吧。"

《如父如子》：
为人父是非你不可的工作

两个家庭，在同一天、同一个医院迎接新生儿，六年之后，偶然发现当初孩子抱错了。两个家庭如遭重击，原来的生活轨道，瞬间发生巨大变化。

这是是枝裕和《如父如子》里的故事。两个家庭、四个大人、两个孩子，是这部作品的主角，虽然还有另外的故事线，但主要还是他们六个人。而其中，良多，成了最主要的故事线。在他身上，作者试图解答一个问题，如何为人父？如何为人子？

电影作品多年前就上映，还拿了戛纳电影节的评委会大奖。文字版出版不久，我特意对照了电影跟小说，大体相似。本来细节描写是文字更胜任的，但是福山雅治真是个好演员，他演良多，将"一切尽在不言中"的感觉拿捏得极准，完全体现了细腻的情感。

简单地说一下故事部分。两个家庭发现孩子被抱错之后，因着医院方面的观点，"总之，在这种案例中，双方父母最终百分之百，都会选择交换"，就不假思索地也往这个方向努力。先是利用周末的时间，创造大家一起玩的机会，等几个月之后，彼此熟悉了，再让孩子试着到对方家庭（亲生父母）那里住，等到对新住处也熟悉了，就进行彻底交换。这个过程看似稳稳推进，但是人世间向来最不可测的变量就是情感：虽然一起玩耍、换着住等，都没看出孩子有什么抵触。以孩子的童心来说，说不定还非常新鲜、期待，但等到彻底交换那一天，孩子开始用情感投票了，无一例外地，他们都更想回到一起生活了六年的那个家。交换最后没有达成，但却达成了一个更温暖的结果：两个家庭亲如一家，没有你的、我的孩子之分，每个家庭都仿佛拥有了更多的孩子。回想起医院方一开始说的,"双方父母最终百分之百,都会选择交换",这个故事中的两家人,用爱与理解,成为了罕见的例外。

故事已被很多人熟悉,我更关注的是故事背后父与子的亲子关系,这部作品,其实是一部父子亲子关系教材。

良多是在大企业工作的高管,工作努力,住在城市繁华地带的高层公寓,从落地玻璃窗看出去是整个城市的风光。良多对儿子庆多的要求也高,上学前要读高水平的学前班,要练习弹钢琴,日常举止要符合规范,遇到困难不能放弃……相比之下,另一个家庭的男主人雄大,是另外一种风格。雄大经营着一家电器店,经济条件只能说过得去,家里有三个孩子,被抱错的那个是老大,叫琉晴。良多第一次去他们家,就注意到雄大开的是一辆很普通的、有年头的面包车,而良多自己开的是一辆"绝对拿得出手"的轿车,两家的生活状态一目了然。

小说里两个家庭第一次周末出游,良多跟雄大去买吃的,一口气点了很多吃的东西,雄大自己也说,"比平常稍微奢侈了些呢"。良多正想付钱,雄大已经抢先掏出了钱包,同时说,"麻烦给发票",并且报出了把孩子错报了的那家医院的名字。那个瞬间，良多暗自叹了一口气……

看到这里，会以为雄大就是一个唯利是图、斤斤计较的男人。但是渐渐地，他的另一面开始显现。他非常喜欢跟孩子一起玩儿，第一次出游选的是一个室内儿童乐园，雄大跟孩子玩成了一片。雄大在家没有那么多的规矩，家里总是一片吵吵闹闹的声音，吃饭时也没有特定的规矩。雄大动手能力特别强，会帮孩子修玩具，会做小手工，而这些，也都是良多不擅长的。后来的几次周末出游，雄大依然是孩子们最好的玩伴，他招呼良多一起玩，良多却只想在边上静静坐着。同样是做父亲，雄大大大咧咧，一点都不精致，就像孩子的朋友，而良多则特别自我约束，很有"父亲的样子"。就两个父亲之间比较，雄大更能得到孩子们的喜欢。

两个孩子又是怎样的呢？第一次出游时有两个细节，很能说明孩子间的差别。第一个是初次见面时，琉晴大大咧咧地跟大家打招呼，而庆多就非常礼貌地进行自我介绍。第二个细节是，到了游乐园要吃东西，良多一家是不给孩子吃垃圾食品的，再三斟酌，给庆多点了一杯橙汁，而雄大一家，点了多人份的热狗和薯条，每个人还点了可乐。琉晴把自己的食物吃完后,还去吃妹妹的。等他离席,良多发现,琉晴坐过的地方已是一片狼藉,他用过的吸管也被咬得彻底变了形,"吃饭的礼数可绝算不上得体"。

当然,孩子是怎样的人,跟基因、遗传也很有关系。比如,庆多虽然自小开始练钢琴,但他进度非常慢,同年龄的人已经弹得非常好,他两周还练不出一个小曲子。不过庆多的手特别巧,可以做很好看的小手工,他做的玫瑰花,连老师都连连称赞。而琉晴的手工能力很差,作品都是歪歪扭扭,不过琉晴认字认得很多,阅读很擅长……环境力量不可小觑,而遗传的力量是惊人的。

良多自我期许很多,多年来工作上始终兢兢业业,力争上游。其实内心,他对庆多有些小小的失望,总觉得庆多不像自己那么要强,那么不甘人后。当知道孩子是抱错的时候,良多的眼神变得非常复杂。福山雅治在影片中第一次惊到我的就是这个眼神,里面的含义太多了:"原来庆多不是我的孩子,怪不得不像我"、"他居然不是我的孩子"、"他怎么就不是我的孩子呢"……释然、困惑、迷茫,什么都有。

所以第一次见到琉晴的时候,良多内心有点小欣喜。因为他发现琉晴长得像他小时候的样子，他也发现琉晴吃东西的口味跟自己天然相似，或许那时连他自己都没有意识到的潜台词是："是不是这个孩子，会像自己一点？"良多对孩子的概念，是希望他像自己，一样优秀、一样要强、一样成功。而在雄大这里，从来听不到对孩子特别的期望，或者成功与否的计划，只是希望平安、快乐就好。

但如果说良多就是"冷酷"的父亲，只知道给孩子提要求，而不知道爱孩子，那就错了。小说开始没多久，就交代了一个情节，让人看到良多温情的一面。那一天，良多回来吃饭晚了，庆多已经开始练琴，良多想多吃一个鸡蛋，但妻子不同意。良多就向孩子争取一张同情票，结果庆多向他用双臂比划出一个大大的"X"，良多顿时假装中弹似地趴在了桌上，把庆多逗乐了。之后良多走过来，蹲在庆多身边，伸出手，跟庆多一起弹起了琴，庆多弹的是单手旋律，而良多弹的是和声部分……那一刻的良多，是最温情的父亲。

他的问题之一，是留给孩子的时间太少。每次周末两家出游，良多都不是下场游戏的那一个。他和雄大之间有一场对话，那是在半年的交换住宿之后。雄大说，良多应该多陪陪孩子，良多说："我家的方针就是培养孩子什么事情都可以独立完成。"雄大说："这半年的时间，我跟庆多在一起的时间，可能比这六年来你跟庆多在一起的时间都要多。"良多说我不觉得仅仅是花时间的问题，雄大说，就是时间，孩子就是时间。良多说，有很多工作是非我不可的，这个时候，雄大讲了一句非常厉害的话，他说："为人父也是非你不可的工作。"

那时的良多，还不能理解这句话的意思，就算理解，也未必认同这句话。他的事业蒸蒸日上，前途可期，时间就那么多，给了工作，还怎么给孩子？但是，变化马上就发生了——因为其他人的运作，他失去了获得晋升的机会，反而被调到一个研究机构去做闲职领导。这对良多来说，是职业生涯中最大的失败，最不能承受的结果。再加上孩子抱错这个事儿，他感受到了从未有过的挫折，他不再是那个永远成功的人。

良多的真正问题是，他其实并不知道如何做父亲。他还小的时候，母亲就去世了，不久有了继母。从此，他跟父亲与继母的关系变得很差。他试过离家出走、消极对抗，终于在一次父亲的严厉责罚之后,放弃服从父亲,并且一直将这个僵局持续到了现在。

有一次他在研究所跟研究员谈起知了。研究员说,知了在这里产卵,幼虫长大后破土而出,羽化后留下蜕壳,整个周期要花 15 年的时间。这个介绍让良多吓了一跳。他在 15 年时间里做了许多项目,造了众多超大型的建筑,而这 15 年,知了只是在某处羽化、蜕变——时间到底是什么?时间到底可以做什么用?良多就是在那一刻开始醒悟的,过去那么些年他所追求的一切,可能都是虚无,而他忽视掉的那些,可能弥足珍贵。他忍不住打电话给继母道歉,为过去几十年的冷漠而道歉。

但是生活,并没有因为他的醒悟,而改变原有的轨迹。这个轨迹就是,越来越临近两家彻底交换孩子的那一天了。

虽然之前有过期待,不管怎样可以和自己的孩子在一起,可是当那一天真的到来时,没有人轻松面对。庆多的母亲哭着给庆多收拾衣物,良多心里也不好受。彻底让他冷静下来的是接下来几天与琉晴的相处。是的,琉晴身上有倔强,一度让他觉得很像自己,但是琉晴有自己的生活习惯,他有自己的感受,他在新家固然开心,但内心更多是孤独。琉晴是这样,那么庆多呢?他意识到,庆多对自己非常依恋,知道要去别的家庭生活后,庆多默默地拿相机拍了很多张良多的照片,虽然那些照片在相机里没有带走,却留下了"庆多眼里的爸爸"的记录。而面对这样一个信任他、爱他的孩子,他却固执地要以血缘为名,交换到别处去,良多第一次感到了心痛。他之前在乎血缘,在乎孩子跟自己像不像,现在孩子不在身边了,他到底该在乎什么呢?

孩子刚生下来还没抱错时,雄大就很高兴地看着儿子取了名字。有一次他感慨地说,回想起来,他其实是看着庆多的脸,取的"琉晴"这个名字。现在孩子渐渐长大,庆多也长得越来越像"庆多"。言下之意,孩子在养父母身边长大,虽然没有血缘关系,却也会越来越像养他的父母。说这句话的时候既是感慨,也是安慰良多。

雄大其实是一个心非常细的人,也很善解人意,表面看着像是棉花糖,内里却刚韧坚强。他知道良多的心结不在于孩子,而在于自身,但他只是默默地包容这一切。说来也是,良多总是抱怨庆多不知道不甘人后,他却不知道虽然庆多非常不喜欢钢琴,但依然很坚持练习,因为想让爸爸开心。这样的倔强努力,不像良多吗?

最终帮助大人解决问题的,反而是孩子。在很多事情面前,孩子比大人要勇敢。在大人还在唏嘘感伤的时候,孩子已经用行动解决问题——琉晴逃回自己家去了。对一个喜欢户外运动、做事行动派的孩子来说,拥有这项生存技能并不让人惊讶。良多跟妻子发现后马上出门去追,琉晴毫无意外地在雄大家里找到了。但是庆多,却不想再面对他们。

这部分情节,展现了良多这些时日的变化,他不再关闭心门,也不再拙于表达,他可能向庆多说了六年来最多的一些话。庆多在前面走,他就在边上的小路一直跟着走,不断道歉,为忽略庆多的感受道歉,为这段时间没有跟他在一起道歉,为逼他弹琴道歉,因为真相是良多自己也学过钢琴,却早早地中途放弃了……

孩子总是容易原谅父母。两条路的尽头是交叉,良多与庆多在这里停下来,也实现了心灵的交汇。虽然六年来,良多无数次地拥抱过庆多,但只有这个拥抱,是因为良多发自内心要表达情感,是因为他真的有话想对孩子说。福山雅治在电影里再一次打动人们,他抱着孩子时的动作与表情,胜过千言万语。

有一次,雄大跟良多聊天,说起儿时放风筝。雄大说,他小时候,父亲会用竹签跟窗户纸给他们做风筝,只不过风筝怎么都放不上去。良多则说,他的父亲不是那种会和孩子们一起放风筝的人。这时候雄大又讲了一句特别神奇的话:"是吗?不过你也没必要向你的父亲看齐,对不对?"

大部分普通人不会像故事里的人那样,经历如此曲折的人生,但是,如何为人父、为人子,却是很多人需要解答的问题。放弃心痛的过往,舒展自己的身心,超越自我的困境,给孩子全部的爱,小说里的良多做到了。在那一刻,为人父、为人子的他,终于将自己的过去和将来,完整地连接在了一起。

> 诸子虽然也有各自的个性,但他们的心灵多半是自由的,或者飞扬,或者沉静,或者思辨,他们虽然目的有所不同,但他们共同尊奉先秦时代华夏文化的核心范畴:大道。

《微观国学》:
经典的光亮

《微观国学》是学者余世存读先秦经典二十多年写下的笔记。这些经典文本诞生之初,距今千百年之远,但文本体现出来的精神一样让后人获得滋养。现代社会有其自身的运行方式,有其不同的内容与关怀,却不代表先秦经典就与当下隔绝。余世存说,当今人们能做的,"就是用经典关照内心,来共同完成现代叙事"。

诸子百家是最为闪亮的群星,他们经历不同,三观也不相同,但是无一例外,都在追求人性的最美境界。读经典文本，回到他们生活的时代，去看经典作家的人生，这是一种读法；而在体会他们的用心之外，再来回应当下的生活，这是另一种读法。

不管哪种读法，都是微观二字的注脚。

余世存眼里的圣贤们，并不只活在文字里。他们是活生生的人，在那个远去的时代，他们也在认真生活，一切想象与思考，其实都从生活中来。

先说老子。毫无疑问，老子是一个充满智慧的人。一篇《道德经》，让很多人找到了生命的真谛，我有好朋友就说，这本书是他的生命之书；还有人说，光是静静读着道德经，不知不觉，就能调匀气息。五千来字的《道德经》，微言大义，要参透里面的堂奥，大约得用半生功夫。

要说老子《道德经》最重要的思想是什么，人们都会想起那两个字：无为。老子倡导做事"无为而治"，但如果觉得老子的无为是什么都不做，那就是把他的思想简单化了。老子的无为并不是彻底消极，让人们无所作为，而是指人的活动应当顺其道、自然，那样，因道之理而有所作为，反而取得圆满的效果——我想，这未必是做事的指南，但至少应是做人的指南。余世存说，现代人忙忙碌碌，不得其法，既消耗了个体的能量，其实也浪费社会的资产。

很多人认为老子反智，因为他曾经说过不少听上去反智的话。余世存的观点是，他反的"智"不是"智慧"的"智"，而是"巧智"的"智"，也就是耍小聪明；而老子笔下的"愚"也并不是愚钝、愚昧，而是朴实无华的意思。当这样去理解老子的时候，你就会发现他是反阴谋反权术的，他拥有的是"生命的大智慧"。反观当下，世人对小聪明的修行有之，对大智慧的修行却少。

说到庄子，大家自然想到的是《逍遥游》，那上天入地的飞翔，可能是中国文学史上"最为瑰丽的一次飞翔"，这也可能是人最大的梦想。而这样的飞翔居然有可能是在梦里，而且现实与梦，如梦非梦——读庄子的书，跟随这种种想象，简直如入人生极境。

庄子曾经家境不错，后来家道中落，日子过得很辛酸，但他从未在生活中沉沦，他看到的是超越生死之后的永恒，所以，他的思考从未停步。他总是用荒诞的比喻故事来解释当下，总是用梦来让大家感受教义，富丽汪洋，极有吸引力。

但不要忘记,在他的文字光辉背后,他念兹在兹的却是人的自由与超越。现实让庄子如此无奈,他只能在梦里遨游,才能实现最终的逍遥,到达极致世界。

庄子看上去超脱,仿佛不着地地生活在他那个时代,但他真正关心的却都是当时人们的生存问题。他自有独特的表达方式,那些花鸟虫鱼,哪个不隐喻现实的人,那些动物之间的对话,哪段不对应生活的真相。要我说,庄子,是个最伟大的造梦者。

来说一个我们更加熟悉的人,孔子。余世存眼里的孔子,之所以绽放光辉,并不在于他说了多少深刻的道理,而在于他的常识、常心、常行,从常人中浮现出来,感动千秋万世。如果用一个词来形容生活中的孔子,大概可以用"勤勉"这个词,一辈子都在辛辛苦苦从东到西,从西到东。孔子身边跟着很多学生,如果孔子不是真的伟大,但凡有一点私欲,都瞒不过追随在他身边的弟子;但是并没有,弟子始终看见的是一个温暖亲切、生活化的孔子,他们愿意追随他直到人性的彼岸。

孔子用自己的行动去解答困惑,同时也抵挡着社会和生活的诱惑。他特别真实,就像现实中的人,他对世间所有的爱就在一言一行之间,所以对孔子的追随就是对人性的追随。

而孟子,这是一位养天地浩然之气的人。在孟子这里,你能够感受到一种健旺向上的生命力量。他对于生命的苦难,从来都不回避,而是迎难而上——但不要以为这种迎难而上意味着一生凄苦,其实孟子对快乐的理解非常深刻,他一生也都在追求快乐的真谛。他在苦难中寻求生长,在乱世里寻求生长。由于他的内心生命力强盛,所以他感受快乐的能力也更加通达。

再来说说墨子。墨子跟刚才这些诸子百家很不一样的地方是,他的思想观念完全来自于日常的生活、日常的实践。"木鸢、车辖、方圆、规绳",没有一个人的经典学说像他的一样,里面充满了各种各样的专业词汇。从木工到染坊,他从生活智慧中总结出人生的道理。他就是我们身边的普通人,但是他并没有耽于此,而是一步步走向思维王国,最终登堂入室。

用我们现在的话说,他从来没有承认过自己的命运,不仅不承认自己,而且不承认社会的命运。他认为,"命由力成"。这种对人这个群体的自信,这种对个体奋斗的乐观,在如今的社会中,仍然重要。

诸子百家各有各的出身,如果说墨子是来自于最普通的人群,那么韩非就是一个落魄公子。由于落魄,"在大动荡的时代面前,他是自卑的,但他的时代精神却让他逆流而上,站在了时代的最高点",只不过他们对权谋的热衷,对统治者的攀附,让他们的心智出现变异,又被时代抛在了后面。余世存说,我们读韩非的文字越多,就越能理解,他们的全部心智都用来考虑,怎么帮君王更好统治民众,其实他们也敏锐地看到了社会的问题,只不过选择了错误的解决方法。

诸子百家之后,余世存写了关于《易经》和《礼记》的笔记。现代人说到《易经》,好像这是一本卦书,当面对人生选择时,让它帮人们指个方向。《易经》或许有指南的作用,但它远不止是一本卦书,它的格局广大。《易经》是中国上古的百科全书,也是中国的历法书,关于时间的书。它是关于地理的书,也是关于天象的书,更是关于人情、文化的书。余世存说它简直就是中国的《创世纪》。如果去研读易经,可能会像登山一样,每个人都会获得非常极致而又充满个人特性的体验。余世存曾有朋友,背井离乡,远赴国外谋生,随身只带了两本书,一本是《史记》,一本是《易经》。朋友说,前者让他不忘中国,后者让他安身立命。

最后一篇先秦的典籍,写的是《礼记》。礼记,是对美好社会的思考。现代广为人知、耳熟能详的一些名言,其实都来自于礼记,比如说"大道之行也,天下为公";又比如说,"古之欲明明德,于天下者先治其国,欲治其国者,先齐其家……"

《礼记》的名篇并不只是我们知道的《大学》《中庸》,还有《月令》《儒行》。它们唤起我们对个人修行的体验,也唤起我们对社会制度的理解。一个人一定要先观照自己的内心,爱自己,爱世界。然而爱自己,并不是偏爱,也不是溺爱,而是一种严格的自我要求,从而构建一个美好的社会。

国学洋洋大观,人们穷其一生,可能都未必穷其奥妙。但是里面的观点、学说却可以用来关照我们当下的生活,这大概就是"微观"二字的由来。世界变化那么快,现代社会有其运行法则,然而并不代表着这些经典的东方哲学作品就无用武之地。当然也并不意味着只言片语,都可以拿来为我所用，立刻可以指导当下的生活，产生实在的功用。如果是这样，那么对国学，对于这些先秦诸子百家的光辉著作，依然是一种碎片化的功利化使用。

尽量用平静的态度走进国学世界，去感受前人的言行，去对照自己种种，慢慢体会，慢慢达到诸子百家所说的人性的至境，成就一个光明的我。这个过程需要我们驻足当下，更需要我们把眼光投向更远的地方。

> 我看到前面等着我的自由,一天一天全部由我自己做主的日子,一片可以自由行走的大陆,出入不要许可,携带行李不需要许可,拥有自己的孩子也不需要许可。我简直害怕得要死。

《香港假日》:
明天是新的一天

项美丽最为人所熟知的作品,大概是《宋氏三姐妹》。作为第一个给宋氏三姐妹写传记的人,她是少有的跟三姐妹都有过亲密接触的作者,并在中国生活八年,历经上海、重庆、香港,辗转各地。在那个国人颠沛流离、民生多艰的年代,项美丽用笔记录下了这一切。

《香港假日》写的是她于1940年到香港至1943年离开香港之间的事,但全书的第一个故事是从重庆开始。令我困惑的是,在时不时遭受日军轰炸的那段日子里,他们何以能够维持日常生活。有一次,她要给朋友送东西,她们判断距离下次拉响防空警报还有一阵子,在轰炸机来临之前,是有充分时间将东西送给朋友的。很难想象,居然可以根据轰炸的时间点来安排生活的时间表,足见人们对轰炸下的生活已经到了何等适应的程度,而人们想要维持日常生活的渴望又是多么强烈。

而轰炸机来的时候,他们清晰地看到,"它们横穿整个城市,将炸弹丢在重庆脊梁那座山的山顶,震颤的空气中,一柱柱灰尘和黑烟从宁静的废墟缓缓升起"。有时轰炸机掠过他们的头顶,在百米外炸开;而他们躲过轰炸的劫难,从土里爬起身来,居然嚷嚷着要找酒喝。

这是项美丽从1939年到重庆,又于1940年从重庆离开前的生活状态。项美丽原名艾米莉·哈恩,而项美丽三个字更为中国人所熟悉,是因为她写了大量与中国有关的文章,并且,这个名字是由邵洵美所起。两人在上海相遇,展开一段情缘,后又去香港。在此期间,项美丽采访了宋庆龄、宋霭龄,为写作《宋氏三姐妹》积攒资料。两人于香港分手,邵洵美回到上海,项美丽转道重庆。

1940年夏天,项美丽从重庆再去香港。一年多后,香港沦陷。对于习惯了在轰炸声下生活的项美丽来说,至少枪炮声不算陌生,可安危系于一线。这样的日子绝非假日般悠闲,而将这段时间的香港生活以"假日"命名,译者说,是项美丽观察和书写战时香港的一个独特视角。换句话说,只有项美丽敢于这么写——轰炸不断、生活照旧,此时的香港已不再是香港,此时的香港也依然是香港。

到了香港之后,项美丽与一名英国少校情报官员相爱,生下女儿卡罗拉。很多英国人以为,日军开进香港,大家从九龙撤退到港岛,最多待几天就回来了。项美丽估计也没想到,这一去就是好几年,九龙近在咫尺,却只能彼此眺望。

项美丽在港岛借住在朋友家,住处是在太平山上。有一阵子,人们白天根本不敢上山,因为靠近山顶的一处,恰在日军的理想射程内,每隔一秒半就有一个炸弹,嗖嗖飞过或者爆炸,把所有的路都炸毁。为了躲避轰炸,他们不得不躲到房子的地窖里,寻求片刻的安全。

她在重庆的生活经验继续发挥作用,在空袭和空袭之间短暂的空档,还能抓紧时间下山办个事儿。在大轰炸中完成自己日常计划，是一项重要的生存本领。到后来，任凭日军在头上轰炸、炮弹在住所附近接连炸响，项美丽和朋友们该躲就躲、该藏就藏，等轰炸过去，依然在住所里面各忙各的。

日军的轰炸绝不只是一种耀武扬威或形式主义，那是真的轰炸。在医院里，躺满了各种各样因轰炸而受伤的伤者。沦陷之后的香港，渐渐陷入物资匮乏的境地。所有商店，没有日本当局许可就不准营业。但也有些商贩，在不太显眼的街上买卖东西，如此传播开来。对战时的香港人来说，这临时搭出来的购物街简直就是最美妙的地方。一个沙丁鱼罐头、一块肥皂，都值得人花上半天功夫去议价，只是到了价格谈下来的瞬间，可能还是因为舍不得而放弃。

即便这样，生活依然能容下一丝爱美的余地。有一次，项美丽跟同伴冒着生命危险，走下太平山去逛购物街。在费劲买下生活必需品后，她们下决心挖出最后一点钱，合买一块粉饼。至少，在那个为生计担心、只剩黑白两色的日子里，还能让自己的脸上，有一抹亮色。

香港沦陷之后，日本人开始干预学校管理，所有还开着门的教育机构都安插了日本人，以便密切监视机构里的情况、写汇报，还附带教日语。日本人也加大了其他方面的情报收集力度。项美丽的身份多少还是有些特殊，所以毫无疑问，她身边也出现了一个日本特工。当然，他不会自称是日本特工，只是迂回地邀请项美丽教他说英语，其实是要严密监视她是否有针对日本治下的香港政府的间谍行动。

在那时的香港，生活着各种各样的人，间谍也是其中的一种。项美丽遇见过的间谍不止这一个。有一个名叫芭博丝的人——项美丽用芭博丝小姐来称呼她，这当然不是真名，因为项美丽也不希望对方在她的文章中对号入座——事实上是一个间谍。芭博丝为日本人服务，号称自己跟项美丽曾经相识，只是项美丽自己忘了。她们见面的过程总是充满戏剧性：对方每每若无其事地跟她聊天，看似漫不经心地抛出一个又一个问题，想听她的回答。同时，一而再再而三地说想要去项美丽家看孩子，到达之后就飞快拿出藏在手提包里的小照相机，说是给她拍照，但更多的大概是想拍下她家里的陈设，留下项美丽任何值得挖掘的信息影像。

项美丽判断，芭博丝在战前就已经是日本特工了，监视目标包括年轻的美国海员和英国士兵，后来又监视美国银行家,以及项美丽这样的在她看来可能掌握着信息的人。这种黄皮肤黑头发的间谍游走在日本权力机构之间,并非没有恐惧。在日本即将仓皇撤离香港之时,芭博丝开始害怕中国的游击队员。虽然英国士兵和美国士兵看不出来她到底是日本人还是中国人,但是中国的游击队员却是可以一眼分辨出,芭博丝到底是哪里人。

在战时香港存活,要跟各种各样的人打交道,有时需要直面日本人。给项美丽提供住处的朋友,是香港一所医疗机构的负责人。曾有一次,一名日本上尉,强烈要求拜访他们家,仿佛很想结识这几个英国人、美国人。日本人带来了难得吃到的食物,也带来了一顿奇怪的晚餐——侵略者与被管理者在餐桌上努力地不谈战争,转而谈玻璃的成分,交流关于贝多芬的交响乐。这个场景让我想起《动物园长的夫人》里,那个纳粹军官走进华沙动物园,在自己的军队轰炸所造成的废墟前,跟动物园长夫妇,大谈特谈他所喜爱的动植物的场景。人性仿佛藉此唾手可得,讽刺又可笑。

项美丽是美国人,孩子的父亲是英国人,自己又跟中国有比较特殊的关系,这些身份让她在香港多了一丝细微的腾挪空间,但不意味着他们不害怕日本人。她的孩子刚出生,孩子的父亲就被关进了日本人的监狱,很长一段时间生死未卜。每次下山办事,路遇日本兵时,她和朋友都非常恐慌。这些日本哨兵看似不警觉,但是都"像鹰一样盯着我们,确保我们恰如其分地向他们鞠躬",她曾亲眼看见一个哨兵抓住他猎物的后颈,示范什么才是他期望的弯腰深度。

然而,过日子不代表向侵略者低头。项美丽有次参加一个有关中国青年运动的茶话会,在座都是日本人找来的华人富家子弟。主持人描绘了一幅蓝图,宣称未来他们可以在社会生活中大有作为。说完后他们希望有人回应一下,但是没有人响应。日本人又许以各种奖励,这些漂亮的年轻人们还是无动于衷。后来,站起了一个年轻人。项美丽已经准备好听一堆对日本人允诺恭维的话了,不料听到的倒是,"我没有什么要说的"。日本人很着急,让他谈谈,对于改进香港有什么建议,怎样才能使它变得更好。年轻人想了一下说,六两四钱,这是不够的,去告诉政府。

六两四钱大米,这是日本人给中国人一天的标准配给,所有的中国人都不能超过这个限度,而这只是一个普通劳动力一天所需饭量的1/4。年轻人说完这些话就坐下来了。尽管这只是一种斯文的反抗，却足以让项美丽对这些年轻人刮目相看。

连她自己也有过一次经历，直接反抗日本兵。那时她还没有借住到朋友家，而是辗转在医院里。有一天晚上，日本兵闯进病房，脚步凌乱，刺刀闪着光。项美丽怒火升起，把手指放在嘴唇上，嘘！日本兵在那一刻被一位母亲的怒火吓退，于是，夜晚重归宁静。"我永远都不能理解自己当时的行为"，是的，如果不是瞬间的反应，如果需要深思熟虑，那么，内心只会剩下恐惧，而不是勇气。

1943年，因为一次美国和日本交换难民，项美丽获得离开香港的机会，她带着卡罗拉，坐上了一艘船。船上全部都是离开香港的难民，有不少熟识的人，但很多已经认不出彼此。项美丽说，那是因为人们看见的都是一个消瘦版的对方，增加了辨认的难度。船从香港出发，停靠菲律宾、越南、新加坡，最后到达印度果阿，在那里换上另一艘船，途径南非、葡萄牙，驶向纽约。

虽然非常渴望回到美国，但是项美丽却有一种奇怪的心理感受,用中国话说,就是"近乡情更怯"。行程仿佛漫长得不能再漫长,时间慢得不能再慢,这不仅是项美丽的感受,人人都是如此。对于行程的终点,既期待又恐惧,"我看到前面等着我的自由,一天一天全部由我自己做主的日子,一片可以自由行走的大陆,出入不要许可,携带行李不需要许可,拥有自己的孩子也不需要许可。我简直害怕得要死"。

仿佛为了配合她的心理,船于深夜到达纽约,她没有看到矗立的自由女神像,迎接她的,是一场深深的睡眠。

项美丽写的香港生活非常特殊,她既身处其中,又仿佛站在远处观看。明明她是亲历者,却写出异样的幽默。或许只有项美丽写得出这样的文字,只有项美丽这样的气魄,无论是怎样的生活,都驾驭得得心应手。这三年的香港记忆,于项美丽是回忆的一部分,于香港,却是历史的一部分。

> 将全球美好事物的摹本带到了世界上最贫穷的大陆,让贫困的非洲社会尝到了非洲以外大千世界的味道,即使是仿冒、残缺的,却仍是外界真实的滋味。他们是促进发展中世界全球化的马可·波罗。

《香港重庆大厦》:
世界中心的边缘地带

1994年,王家卫的电影《重庆森林》上映。人们起初误以为这是一个关于重庆的故事,后来发现,故事发生地在香港——重庆大厦在香港。这部电影奉献了很多金句,也让人们记住了明星艺人们最好的年华,但更重要的,它让无数观众(如果之前不知道重庆大厦的存在)认识了重庆大厦。之后,在电影爱好者以及很多向往外面世界的青年眼里,重庆大厦是一个要去打卡的地标。

电影里有爱情故事,镜头也扫到了这座大厦逼仄的空间,但在爱情故事的框架下，这种逼仄蒙上了一层浪漫的色彩——甚至我每次看到重庆大厦这几个字，都会条件反射般地想起 The Mamas and The Papas 的那首《加州梦想》，在炽烈的阳光下，人们尽情歌唱。

但是重庆大厦远不如电影中表现得或想象得那么浪漫、单一，这是一座复杂而多面的大厦，用人类学者麦高登教授的话说，这是世界中心的边缘地带。整个重庆大厦就像是一个完整的世界，是贸易的中转站，也是文化的冲突地。令人意外的是重庆大厦居然能将各种冲突收纳、融合得挺好，这是它的神奇之处。

重庆大厦的身世是模糊的，能够确定的是它建于1961年，在最初的几年是尖沙咀地区一座比较高的建筑，但此后的走向就众口纷纭。有人说重庆大厦早年底层有一间带扶手电梯的商场和夜总会，还有高级珠宝商铺，甚至还有明星和英国军官住在里面，是高档的地方；也有人说那里一点儿都不高级，环境破旧不堪，建造得非常廉价，还有上世纪60年代曾在那住过的人说，那时候的重庆大厦，就像是一个垃圾堆。

60年代末的一些纪录表明，重庆大厦经常发生火灾，而且救火车很难开进去，因为紧急通道都被堵上了，整个空间之狭小由此可见一斑。人们对重庆大厦还有一个误解，以为这是一幢单独的楼，其实重庆大厦一共有三座楼，共用一个底座，共用的底座部分有三层（地下一层加上地上两层），在这三层之上就是三栋建筑，一直延伸到17层。这三栋建筑彼此相对独立，人们如果要从一栋去另一栋，需要坐电梯返回地下，再转换电梯去其他楼。

重庆大厦里有很多普通住户，也有很多旅店，以及很多其他商铺。有一回去香港，受人之托买当时很流行的一款饼干，问了地址，就在重庆大厦里面。地址不难找，但里面的楼道很暗，层高也低，商铺密密麻麻，给人氧气不够用的感觉。麦高登在书中提到，截止2009年的记录是，光是大厦底层部分，就有大约8个货币兑换铺、十几家电话卡店、5家网吧、12家餐馆、15家手机铺、30家服装店、15家手表店，还有一些批发电子产品的商店、影碟店、礼品店等。这还没算上大厦上面几层的商铺。

重庆大厦大约从它建成之后就是一幅人来人往的景象，60年代初主要是很多南亚人来住，后来有了一些背包客。到

1981年版的《孤独星球》将重庆大厦形容为"香港廉价住宿的魔力词汇"之后,全世界的旅行者和背包客纷至沓来。欧洲的,日本的,澳大利亚的……在这里能看到各种面孔,听到各种语言。麦高登第一次入住重庆大厦,也是在这个阶段。

虽然景象无比热闹,但是巨大的安全隐患也随之而来。为了牟利,很多重庆大厦的业主将私人住处改成旅店,原本大厦的电力设计算不上强大,现在更是承担不了这么多人的使用需求,结果屡屡发生火灾。1988年的一场火灾死了一个想从窗口逃生的丹麦游客,引发了国际媒体的报道,也让人一度对重庆大厦望而却步,背包客的数量逐渐减少。到90年代时,重庆大厦的住客里有很多是印度、巴基斯坦和尼泊尔等地过来的南亚人;2000年左右,重庆大厦里出现了越来越多非洲人;到2007年之后,越来越多的内地旅客来到了重庆大厦。

有意思的是,王家卫的《重庆森林》就拍摄于90年代大规模停水停电这一事件的第二年。电影的影响,让重庆大厦为更多内地人所熟知。先来的是内地的背包客、资深旅行者,来寻找各类游记里描述过的感觉。等到内地游客赴港开放后,更多游客被旅店价格吸引而来,他们选择某家旅店时,可能尚不知道它在重庆大厦里面。

不管哪个时代,流行哪种客人,重庆大厦每日终归是熙熙攘攘地。踏进大门,就进入了一个"奇异"的世界。

首先,这里什么语言都有。在香港,虽然粤语是主流,但是在重庆大厦里主要使用的"官方语言"不是粤语,而是英语,人们在那里最常听到的是英文或者乌尔都语、旁遮普语、普通话、印地语、法语、孟加拉语……麦高登有一次跟一个孟加拉人和喀麦隆人聊天,因为孟加拉人在日本上大学而喀麦隆人曾经在日本生活过几年,于是,一个孟加拉人、喀麦隆人和美国人,在重庆大厦说起了日语。还有一次,他跟一个索马里和伊拉克的商人聊天,结果聊着聊着,另外两位发现彼此在过去十年都曾经住在瑞典,结果就把麦高登扔在了一边,两个人用瑞典语愉快地聊起了天。毋庸置疑,语言的丰富性就是重庆大厦丰富性的窗口。

作为人类学家的麦高登最初来到重庆大厦,是因为20世纪80年代的一次背包游,后来又来过几次,再到后来他立志用三年的时间,来记录、研究重庆大厦。这三年里,他常常在大厦里晃悠。他的白人面孔其实非常"扎眼",但他既不是卧底警察,也不是南亚人生意上的竞争对手,所以,依靠时间,他收获了信任与友谊。他在大厦里访问过129个人,人们亲切地叫他"教授"。这些人的经历,构成了重庆大厦故事的底色。

重庆大厦之所以成为"世界中心"的一部分,是因为这里的许多商户都在从事"转口贸易",之所以说它是"边缘地带",是因为这种"转口贸易"低端、自发。不管是手机、服装还是各种产品,商户从内地或其他地区进货,卖给活跃在重庆大厦的买家,再由买家带回自己的家乡:南亚、非洲……最后,遥远地区的人们用上了带有重庆大厦烙印的这些商品。买家用个人一次次的来回奔波赚取差价,每一次的利润在数百美元上下,看似不多,但在他们家乡,这已经是巨资,足够供养家人生活。所以来重庆大厦的中间商总是络绎不绝,对他们来说,这种"转口贸易"的辛苦是值得的。当然未见得人人都能赚钱,签证有风险、海关有风险,但这些成本他们愿意承担。

所卖产品的利润颇丰,加上便宜的房租以及人工,让重庆大厦里的商户减少很多经营上的压力。如果一家店开不下去，那就关张好了，商家的损失也不会很大。所以，麦高登发现，大厦里的商铺面目总是常换常新，一段时间不来，有的店就没了。当然开店不光靠这些，大厦里的店家也都有自己的本事。麦高登就见过一位卖礼品的店主，他能说六国语言，可以用日语跟人聊生活、用西班牙语跟人聊旅游经历，转眼又用法语和普通话向不同游客介绍商品，这显然可以帮他争取到更多的客源。

在很多人的固有印象里，重庆大厦脏乱、黑暗、不安全，一定时不时发生凶杀案，有一些虚构的悬疑故事也确实以重庆大厦作为背景。但这种想象是言过其实的，这里当然并非总是那么温和，不过离那种混乱还有很远的距离。还有人以为这里会有很多黑帮在活动——历史上确实有过黑帮的迹象，但自从警方抓过几个黑帮分子之后，这里就再也没有黑帮出入。重庆大厦里面的人对黑帮活动也深表不解："在重庆大厦卖手机的收入，远远高于收保护费的收入，何必还要做黑帮呢？"当然大厦里的人也会打架、斗殴，却很少会上升到更严重的级别，更多的情况是两个人打着架进电梯，最后出来的时候已经握手言和。

大厦里的人遇到矛盾,自有一套解决办法。买卖假冒伪劣商品难免有冲突,要去打官司的话,费时费力,所以如果要解决矛盾,要么就是咽下这口气,赶紧去挣钱,要么就用熟人社会的方法,请相熟的、有说服力的人居间调停,将矛盾化解。很难想象在香港这样的法治社会,还留有传统意义上的矛盾解决之道。这个"世界中心的边缘地带",某种程度上也是指它在法律边缘行走。

如今,大厦本身的保安力量也越来越强,这取决于业主越来越觉得有必要联合起来"建设"好自己的家园。毕竟这里的业态好了,人们愿意来了,才有更好的生意可以做。不过这种"建设"好像需要寻找一种平衡:很多人喜欢重庆大厦是因为里面那种别处无法替代的色彩,那种全世界的人不管有钱没钱、不管有故事没故事都在一起吃饭聊天的感觉;很多人担心一旦过分整洁了之后,这种感觉就找不到了,重庆大厦作为一个"小世界"的味道也就消失了。

我理解这种担忧,只要看看如今很多城市满大街一模一样的店招就能明白,那种参差不齐才是人间至味,整齐划一是多么丧失生命力。

重庆大厦有形形色色的人群生活其中,与他们所从事的职业相比,更多的不同来自于他们的语言、文化、信仰。他们努力保持自己身上的不同,但奇怪的是,却也比其他地方更显宽容。比如,印度人和巴基斯坦人在这里不会打架,谈及政治问题,也不会发生冲突。美国人和土耳其人会为美国在中东地区的过分介入而吵起来,几句之后又相谈甚欢,说"咱们还是不要说意识形态的东西了"……到底是什么魔力,可以弥合人们之间如此巨大的不同?

有人说,这是大家有一个共同的超越一切信仰的信仰,那就是好好挣钱,改善家里人的生活。在这个信仰之下,没人再去纠缠别的。但是我觉得这个魔力不仅来自那个"信仰",还来自这座大厦的历史、一直以来形成的包容、对他人的理解,这是一种气场,也是一种氛围。固然有坚持自己立场的人,看到重庆大厦的这种氛围就拂袖而去,但大部分人选择接受。所以在这里,完全不难看到不同宗教、不同民族、不同语言的人,甚至所在国之间是对立关系的人,愉快地在狭小的食铺里拼桌吃饭。

很多人从重庆大厦走出，迎来了成功的人生，他们努力奋斗，挣钱供养自己的家人有更好的生活。有一位巴基斯坦的男人就说，他在大厦做生意，而他的儿子在伦敦当医生，女儿在美国读书，他通过在重庆大厦的劳动，将孩子们培养成了"世界人"。还有的通过这里的"转口贸易"挣到了钱，在自己的家乡置了业，成为家乡人羡慕的对象。所以，重庆大厦是活在成功故事里的地标。不难理解，为什么每年都有那么多新面孔来到这里，想要写下自己的成功故事。

有人虽然没在这里收获成功，但是他们收获了无与伦比的生活体验。世界上还有哪个大厦可以在短短时间里见识到世界的不同文化、不同信仰以及五味杂陈的混搭？麦高登最神奇的体验是，有一回在另一个国家，突然路上有路人对他说，嘿！我在重庆大厦见过你！这种奇迹般的偶遇简直令人目瞪口呆，但也证明，从这里出去的人已经散播到全世界各地，在他们口口相传的故事里，重庆大厦可能就是唯一的背景。

无论是长年住客还是匆匆过客，都认为，从语言、文化、肤色上来说，香港无法让他们轻易产生归属感，但重庆大厦可以。大厦以自己独一无二的魔幻色彩，拥抱来自世界各个角落的人。在他们或奋斗或漂泊的人生里，成为容纳他们的站点，也成为日后回忆的重要部分。

有一回跟先生走在尖沙咀，我低声说了一句，哎，是不是重庆大厦就在附近？完全没有任何停顿，他紧接着说，这不就是？我抬头，它就在马路正对面。那是我第一次在生活中见到它。

> 所谓的天赋,难道不是那种,非常非常热爱的感觉吗?无论发生什么,都不会让你放弃,那种执着和斗志之类的东西,不就是天赋吗?

《羊与钢的森林》:
穿越迷途的那条路

有一回,钢琴很久没调,请了调音师来调音。很快地,调音师就干完了手里的活儿,翩然离去。听了听,音是准了,可是总觉得声音变得闷闷地;听孩子弹的时候,觉得这架钢琴像是有什么话哽在喉咙里说不出来,它难受,听的人也难受。过了一阵,实在受不了,于是另请了一位调音师,将之前的困惑讲给他听。这位调音师调得细致,将琴打开,拿出各种工具,花了大半天的功夫才结束工作。可也奇怪,再听钢琴的声音,就像明媚的春天一样,至少是舒展开来了。

因为这件事,我对钢琴调音产生了兴趣,恰好看到日本作者宫下奈都写的《羊与钢的森林》,讲述一个调音师的成长故事。这种书与心中所念正好遇上的缘分,也是读书至乐之一。

故事的主人公是一个叫外村的少年,高中时偶然听到一位调音师为学校里的钢琴调音,因而在心里埋下种子。待到高中毕业后寻找工作方向,他自然而然地选择了调音师培训学校,之后进入了为学校调音的那位老师所在的调音公司工作。

初到公司的外村,虽然已经在培训学校学了一些基本技术,但对于调音这门手艺来说,依然是个门外汉。他最欣赏的老师,也就是到他们学校调琴的那位,叫板鸟,告诉他,"调音师的工作,本没有唯一正确的做法,你要警惕所谓的正确,保持怀疑精神"。对于一个刚踏进工作大门的年轻人来说,应该连什么叫作"正确方法"都不确定,就碰到前辈要自己"警惕正确",这该多难啊。许多初进社会的年轻人,会听到非常有用的指导,但要到真正明白这番指导背后的意思,却要多年以后。外村也是如此。初进调音师世界的他,总觉得自己完全不得其门。这片羊与钢的森林,于他来说,是需要摸索前行的迷途。

现在有很多人学习弹琴,有多少架钢琴大约就有多少琴童,但,钢琴到底是一件怎样的乐器?虽然钢琴如今有着"琴中之王"的称号,但正如辛丰年先生曾经问过的问题,"历三百年而不衰的钢琴,是不是一件尽善尽美的乐器"?当然不是。

钢琴演奏名家哈罗德·鲍尔说,钢琴在乐器中并不算表现力好的,一个音弹出来就没法再修饰。同时也有人说,钢琴的音色并不出众,在交响乐队中,钢琴哪比得过竖琴、单簧管等等。但是,就这样一件乐器,却是全功能的,旋律、和声、对位,全都包了。还是辛丰年说得对,"88键的广大音域差不多就等于管弦乐队中从低音提琴到短笛的全部音域,一架小钢琴俨然是一支大乐队"。

这样的一架钢琴,如何呈现出不同的音色?如何确定该呈现出哪种音色?调音师在其间的作用体现在哪里?

通常客户对调音师会说的话,不外乎钢琴的声音能不能明亮一点,或者是硬一点、柔软一点等等。怎么去捕捉客户这些话背后的含义呢?外村所在的公司里有很多前辈,因着外村的勤奋，老师们也愿意带他。有一次他跟柳老师外出，谈及客户对钢琴音色的要求，柳老师给他举了一个吃饭的例子。比如说，人们去餐厅吃饭，要吃煮鸡蛋，但半熟的、全熟的都是煮鸡蛋，在半熟的里面，更偏向生的或更偏向熟的也都有不同，那厨师是不是应该知道食客的爱好与心意？做调音师也是如此，需要更加深刻地了解客户对钢琴音色的需求到底是什么。

刚入行不久的外村听这番话当然云里雾里，摸不到方向。事实上，他过了很久才明白这个道理，"调音师这份工作最有趣的，莫过于思索如何将委托人的想法化为现实，并适当地有所超越"。

我回想起自己的调音经历，如果可以用语言将对音色的需求说得更明确一点，是不是更能便于调音师理解需求？反过来说，这样的调音师首先要具备对钢琴音色以及客户需求更为精细、准确的理解能力，而且还有"翻译能力"，因为最终这番理解还是要被翻译到钢琴音色上的，这并不是一个简单的过程。好的调音师，终身要学的，大概就是这样的"翻译能力"。

但也有调音师并不看重这种"翻译能力",不看重的原因不是因为不重视客户,而是因为调音师对客户也有要求。公司里还有一位调音师叫秋野,秋野老师的观点就是,如果按照调音师的最高水准(首先确实得是有水平的调音师)来调音,一架钢琴自然可以被调校到最好的音色,但是这样的音色,弹奏者自身能驾驭吗?秋野说:"一个平时骑50cc摩托车的人,是不可能驾驭得了哈雷机车的。调音也是如此。如果你把所有钢琴都调得异常灵敏,对那些演奏水平不够的人来讲,反而是一种负担。"

看到这里我哑然失笑,难道有的调音师之所以只负责将音调准后就负手离去,是觉得调得再好的琴对于普通弹奏者来说也是"明珠暗投"吗?不过不管如何,作为一名调音师,至少应该将琴调到自己能够入耳,如果不管不顾,只是校音准而不管其他,总觉得少了一点什么。

作为一名"菜鸟"的外村是幸福的,身边有几位技术精湛的前辈,但他也是困惑的,因为前辈们的观点各有不同,该听哪一个?还是应该兼收并蓄?收什么蓄哪个?对他来说都是问题。外村虽然因为淳朴的喜欢,一头扎进了调音师的世界，虽然经过一阵子的训练、实践，自己也仿佛站在了这个世界的门口，然而进了门之后往哪里走，却依旧一片茫然。跟身边优秀的老师们比起来，他越来越觉得自己没有天赋。

就算不知道往哪里走，总归也要先走。外村每天早早到公司，将公司里的琴全部校一遍，当作练手。有一阵子，他在琢磨用纯律调音跟平均律调音的不同，需要到得更早，在大伙儿到来之前，将琴调校一遍，然后下班时再恢复成原状，第二天一早再来继续练习自己。日复一日，年复一年。就像人们说的，在想不明白一个问题之前，先用1万小时训练自己，再来想这些问题。直到有一天，柳老师对他说："所谓的天赋，难道不是那种，非常非常热爱的感觉吗？"这话是在说，哪有什么绝对的天赋啊！有极佳的听力是一种天赋，有极好的感受力是一种天赋，但是没有勤奋练习，还是不行。相比之下，可能最重要的天赋就是"勤奋"。

"音乐厅的钢琴，是别样的生物"，在外村眼里，它和家用钢琴的区别，就像白天与黑夜，墨水与铅笔那么明显。如果说，能调家用钢琴算得上是调音师可以进入这片"羊与钢的森林"了，那么调演奏会的钢琴，就像是在森林里舞蹈。

看上去调音的技术都是一样的,然而调完的效果却截然不同。原本最平常的声音,经过调音,"音色就像忽然浮现出了奇异的光泽",甚至令人诧异,钢琴原来会发出这样的乐音。外村听完板鸟调的演奏钢琴,感受到巨大的欣喜,那是一种仿佛想明白了什么的欣喜——继而又是巨大的恐惧,那是担心自己学不会这种调音技术、此生可能都达不到这种高度的恐惧。

钢琴家查尔斯·罗森曾说过,在演奏会前,钢琴师需要保持一种平静的心态,但这种心态有一个强大的敌人,就是自己预订好的一架钢琴,等要弹的时候,发现这架琴之前被人弹过,而且依据之前那位演奏者的需要被调过。这就带来一个非常大的难题,需要请调音师将钢琴调到适合自己的状态。调音师不仅需要具有技术与耐心,也需要其他的认知,比如对委托自己的演奏者喜欢的音色、音乐风格等要有深度了解,然后将其一一实现。历史上有段时间,钢琴家在世界各地表演,他们熟悉的那架钢琴就随着他们漂洋过海,力求钢琴家始终能够用上同一架钢琴,后来随着成本渐渐上升,钢琴公司不再愿意这样做,钢琴家就不得不每次面对不同的钢琴。但怎么在不同的钢琴上尽量感受差不多的重量感、差不多的阻力、差不多的共鸣结构呢？这就是调音师的功劳。

这也正是《羊与钢的森林》这个故事里，外村对调音师这份工作越来越深的认识：钢琴88个琴键，各自对应1到3根不等的琴弦，用上好羊毛做弦槌的毡子，用来自环境最好的地方长出来的云杉做的钢琴，是一片"羊与钢的森林"；而需要穿越这片森林的，不仅是那位弹奏者，还有调音师。一架钢琴，要在使用者手里弹出得心应手的音色，需要弹奏者与调音师同行。只有他们的方向一样，才能走出最美的路线。

几年过去了，调音师外村已经全然不是当初的"菜鸟"，他已经越来越有经验，也更清楚调音师这份工作的细微处，不仅在于调准音，还在于校好音色，而校音色不仅需要理解客户的需求，继而用手下的技术来实现，更需要感受周遭的环境。甚至，窗帘是不是吸音，家具的摆放有没有影响声音的反射，客户最近的心情如何等等，都成为他调音需要感受的因素。如果说，开始时的外村还"不得其门而入"，那后来的外村，离"登堂入室"已经越来越近。但这就够了吗？就像他说，这片"羊与钢的森林"，入口不止一个，终点也不止一个，走出一条怎样的路，可完全要看自己脚下。

钢琴的音色到底怎样才是最好？调音师们反复说，"那是既明快又安静，既清澈又亲切的文体；那是在温暖平易之余，也能够承载冷峻深邃的文体；那是如梦境般美丽，又像现实般确定的文体"。这段话是日本作家原民喜对于写作的描述，被作者用来形容钢琴的音色，却也可以形容《羊与钢的森林》这本书的风格。读者的感受，就像那个大山的孩子对调音师世界的感受：走入"羊与钢的森林"，从最初懵懂，到澄明，再到不知不觉间，已然穿越。

> 几乎所有关于目的地的想象都是错误的。这就是生活。这就是生活中的"抵达之谜"。

《异域的迷宫》：
梦的入口与出口

曾有人在访问作家薛忆沩时写道，如果用一个句子来大体勾勒薛忆沩的人生经历，那就是：出生于郴州，四个月后迁回长沙，在那里长大，然后在北京接受高等教育，毕业后被分配到株洲的国营工厂，不到一年时间又回到长沙，在政府机关工作，其后辞职南下深圳，先到民办公司上班后去广州攻读博士学位，完成学习之后又回到深圳，在大学任教，教书六年之后移民加拿大，定居于蒙特利尔。

这个句子有助于了解薛忆沩的人生轨迹，但无从解答轨迹里某些明显的变化,尤其是变化之后一段时间的沉寂,以及沉寂之后的创作爆发——薛忆沩移居蒙特利尔之后发生了什么?

《异域的迷宫》是他到蒙特利尔后这些年的生活随笔,其中或许可见端倪。

2002年,薛忆沩到达蒙特利尔,那时他是一位"孤独的汉语写作者"。而到2017年,《白求恩的孩子们》英文版、《深圳人》法文版以及《空巢》瑞典文版的出版令他在国际文坛引起广泛关注。其实从2008年开始,他就逐渐进入爆发期,2014至2016连续三年获得华语文学传媒大奖"年度小说家"提名。在2012年到2017年这五年间,他一共出版了16部作品,包括新写的作品以及对曾经发表过的作品的重写,后者比新创作更加耗费心血。那段时间里的投入,他说简直就是一种"癫狂",甚至只要再向前一步,癫狂就能"将自己毁灭"。

在蒙特利尔定居时,薛忆沩已近38岁,身边还带着不足12岁的儿子,唯一的生存技能就是写作,"生命里还燃烧着不可理喻的野心"。在《异域的迷宫》这本书的扉页上,他特意写着:给"身边的少年",这一切都是因为你。我在这本书里看到两条线索,一条是他在文学创作路上的艰苦前行,另一条则是身边少年的长大。他自己选择并走入的"迷宫",是写作者的困境,何尝不是为人父者的困境;而他最后的"抵达",我认为也是两者共同的"抵达"。

在书里他有几个地方提及孩子,虽然着墨不多,但足够勾勒出孩子的生活。初到蒙特利尔,他带孩子一起听讲座,但孩子毫无兴趣,他只能陪孩子早早离席,这种事情不止一次发生,以至于他强烈感受到了"身边的少年"作为一件"行李"的重量。少年渐渐熟悉新的环境,跟公寓楼的邻居成了朋友。少年帮他们照顾游泳池,也在朋友不在时帮忙照看他们的宠物,他渐渐不再是一件"行李",有了自己的生活。在原本陌生的城市,"身边的少年"可以熟练地用几种语言安排自己的学习与生活,父亲渐渐可以跟他讨论共同喜欢的书。

长大后,少年在大学学习建筑,毕业找到工作,搬离父亲身边。"而在 2017 年底,他不仅搬离了我们共同生活过十五年九个月的城市,也搬离了我们共同生活过十五年九个月的国家,彻底结束了整整二十年在我'身边'的历史。"

无论如何想象一位父亲在此刻的五味杂陈恐怕都不为过,但同样,无论如何,薛忆沩这段为人父的迷宫之旅,暂告一个段落。

初到蒙特利尔的时候是一个冬夜,凛冽的寒风似乎是种预示,薛忆沩在异乡的开端绝不轻松。他当时是学生的身份,先学习法语,而后进行英语写作的学习。学生身份获得的资助是他唯一的生活来源。虽然他从未忘记母语写作,但也始终无法投入母语写作,因为课程的压力始终存在,他不能放弃生活来源。他自己也说,尽管去的时候带着"野心",但在之后的很多年,都不敢放纵自己的"野心"。

他在学校里从未暴露自己的作家身份,去蒙特利尔之前,他的一些作品已在国内出版,并拥有了自己的读者。在课堂上,老师说到中国现代诗的时候,举的例子都是他的朋友写的诗。他依然保持沉默,只是拼命学习,他要用自己的学习成果来"征服"老师,而不是过去的成就。在他攻读蒙特利尔大学英美文学硕士学位时,他选的最后一门课是"20世纪早期英国文学",他剖析《洛丽塔》《押沙龙!押沙龙!》,写出一篇又一篇论文,教这门课长达八年的老师认为他的论文是"教这门课以来收到的最好的论文",他的论文还获得研究生年度最优论文的称号。

薛忆沩执着地逼自己从头开始,仿佛不是这样的"清零"他就找不到迷宫的出口。在2008年左右,他突然对汉语的感觉发生了奇妙的变化,当实践过不同语言的写作后,他发现他对汉语的结构、节奏、逻辑的理解产生了新的感受。或许因为语言的基本审美是相通的,在这个阶段,薛忆沩不管是汉语还是英语的写作能力都发生了飞跃。这也是为什么他会花几年时间将他以前出版的作品全部重写一遍的原因,因为对汉语的新感受,让他对旧作"忍无可忍"。

重写的作品语言更加精准,文学性更强,更符合他对作品的要求。让他沮丧的是,尽管他努力叩击英语写作的大门,并且经常能写出 A+ 的英语论文,但跟用英语写小说却是两码事。《白求恩的孩子们》最初是用英语写成的,当他后来用汉语"重写"一遍时发现,自己很难再用英语尝试写作。这也更让他意识到,"语言是文学的祖国"。

关于写作,薛忆沩使用最多的一个词叫作"攀援",这个词本身就透出一种向上探求的欲望。他曾说自己当年选择出国是为了逃避陈词滥调,希望自己能写出好的文学,这个颇具难度的目标,从未被他放弃。或许以他现今的成就,他应该已经到达了某个高度。但显而易见地,他又继续"攀援"起来:自从进入创作繁盛期后,他几乎以与时间赛跑的方式在写作,五年出版16部作品,当然他也疲惫,"我也经常梦想着能够'软着陆',能够有时间去享受正常人的生活。但是,灵感总是从天而降,我总是别无选择"。

他从未点出后面的目标是什么,但对薛忆沩来说,"攀援"不会停止。每当读到他用"攀援"来代替"写作",都会感慨,这个词绝非随口而来,它很形象地说明了在移居国外的十多年间,以及从事写作的三十年间,薛忆沩是怎样苦苦求索的。这是一个时时让自己保持清醒的人,他曾说,"生活在别处"是他文学生命的必然逻辑,这种符合生命逻辑的迁移或许会偶尔让他的身体感觉疲惫,却滋养着敏感和警觉,让"精神一直处于不知疲倦的文学状态"。

写作的过程是艰苦的,总是在兴奋与沮丧之间摇摆。在异域的迷宫,他常常因为高度专心的写作而丧失睡眠。他在写某一部作品时,最后几天甚至总共才睡几个小时,完全是不休不眠——源源不断的灵感是一种幸福的痛苦。而在写不出的时候，他会陷入极端的苦闷。他在蒙特利尔的住所附近是著名的皇后山，拥有着绝佳的自然风光，景色延绵不绝，宁静、单纯、孤独、美。有一个低谷期，他不得不靠长时间到皇后山上去运动来排遣心中的苦闷。跟写不出东西相比，身体上所受的严寒刺激又算什么呢。

薛忆沩也喜欢长跑。我突然想起，村上春树也是一个长跑迷，他还写过《当我谈跑步时我谈些什么》。如果不是因为常年坚持长跑，拥有良好的体能，很难完成对意志与体能有极高消耗的写作。写作之路与长跑之路，某个角度更像是同一回事。村上春树说自己是一个职业小说家，他用跑步来保持状态，而薛忆沩说希望自己再写几十年，体能同样是不可缺少的条件。他在《以文学的名义》里曾经提到，长跑是他坚持了20年的"迎新仪式"。2018年元旦，清晨的气温低于零下30度，他依然带着一身冰渣跑完了11公里，跑进新年的晨曦。这种生活上的"仪式感"，也让他的写作这件事，充满了仪式感。

我在一篇访问里读到，薛忆沩说自己在蒙特利尔居住的十几年间，用于饭局应酬的时间不超过24个小时。这种饭局是指那种不谈文学创作，却大谈特谈股票、房子等挣钱之道的聚会，这种聚会是他非常深恶痛绝的。这种对创作氛围的不满，也是当年促使他移居国外的原因之一。在异域，薛忆沩虽然没有饭局，但并不寂寞，他在那里遇见的人，给了他数不清的文学艺术的滋养。

他和邻居贝蒂聊文学，聊卡尔维诺的《看不见的城市》，分享对这座城市的认识：最好的公共图书馆、最好的电影和音乐。他听退休的法语教师安德烈聊自己的政见，聊魁北克的独立以及对语言的固执立场：安德烈尽管是语言学博士，又从美国的密执安州立大学获得硕士学位，英语极为流利，但他始终认为英语是侵略者的语言，迫不得已才会使用它。他与电影制作者罗曼聊纪录片、聊电影科技，虽然罗曼的专业其实是哲学与心理学，但他最为出色的发明是如今给世界上无数观众带去观影享受的IMAX电影，他是IMAX电影公司的开创者之一。

他笔下与朋友间的片段也给我偶遇的幸福感。他的一位好友是加拿大著名作家Taras Grescoe，中文名字高泰若。两人因书结缘，对彼此的作品有相契的理解与喜欢。薛忆沩有一次跟他见面聊完，突然意识到，这是他长达15年的移民生活里与同行的第一次深入交谈，颇有共鸣。回去路上愉悦的心情让他觉得自己就像是"蒙特利尔新添的一道春景"，这真是如沐春风的感觉！他还提到了高泰若给他带来的书，是高泰若自己的作品Shanghai Grand，中文版译名为《项美丽与海上名流》。这个片段让我心头一跳，是的，我当时同时在看的还有另外一本书，正是它。

任何一部作品，遇到各自的读者才算完整。遇到特殊的读者更是一种幸福。有一年薛忆沩回国开会，会务让他沮丧不已，但回程的航班上却收获惊喜。在他前面排队的是一个比利时商人，偶然的交谈开始了一番对文学的探讨，用薛忆沩的话说，那是"来自比利时的生意人在东北的机场用英语与法语和一个定居在加拿大却又用汉语写作的中国作家交谈"。比利时人在航班上读完了英译版的《深圳人》，非常喜欢。两人告别后不久，《深圳人》的法语版出版，比利时人在邮件里告诉他，他自己买一本，同时还要再买给母亲跟妹妹作为圣诞礼物。后来他又告诉作家，他们全家新年团聚的节目,就是阅读和讨论《深圳人》。随着交流的深入,他们的对话不仅限于作品,还延展到生活与写作本身。

薛忆沩有一次接受访问时说,现在人们担心看书的人少了,担心"数"的问题,但他更看重的是读者的"质",有质量的一种"读懂"对作家而言,恐怕是他们最期待的幸福。

薛忆沩的少年时代在一家国营工厂的家属区度过,父亲是工厂的领导,他总是觉得周围的人在用异样的眼光看他——想一下那是70年代,很多读者应该轻易可以从回忆里打捞出这种感觉。他有一次向电工师傅诉说自己的苦衷,师傅不假思索地回他一句:"你不看别人不就没事了吗?!"这句话无意中成了薛忆沩的人生信条,也成就了他跟别人完全不一样的道路。

他被称为中国作家中的异类,本是理工科学生,却一头扎进文学创作的世界,在创作路上有坎坷也有顺境,但还是放弃国内的一切,选择到他乡从头来过。他自己说,他对文学创作有一种极度的虔诚,他想要窥见汉语创作的堂奥,也想要"攀援"上汉语写作的最高峰,这种"野心"让他宁可孤独地探索,哪怕在迷宫里彷徨,也不愿意在喧嚣热闹的环境里写下去。在他看来,喧嚣会让他迷失自己的方向。尽管这在别人眼中很"异类",但"你不看别人不就没事了吗?!"

这是一个积极的悲观主义者,虽然知道前路荆棘,但相信会辟出一条路。他说,这么多年来自己的实践证明,不管在思想上准备得多么充分,所谓对目的地的"抵达"总是一次冒险,一次朝向迷宫的进发,是一次"无法抵达":因为几乎所有关于目的地的想象都是错误的。16年前的薛忆沩还没有跟日后自己的那些好作品相遇,他的作品也没有和读者相遇,他耗尽心力,找到了一个梦的入口。如今,他用自己蓬勃的创作证明,他已经找到了这个梦的出口——异域的迷宫,他抵达了出口。

> 我们决不能把任何人看成抽象的存在。相反，每个人都是一个完整的宇宙，有他自己的秘密、自己的宝藏，还有只属于他的痛苦和胜利。

《永生的海拉》：
现代生物医学背后的名字

没有人可以永生，最多可以以某种形式长时间存在于人们的认知里——以某个理论或某项研究，让人们记住某个名字。但海瑞塔·拉克斯，却以观测可见的细胞的形式，在她离世许多年后，永生在人间——她的身体组织不在了，但她的身体细胞却还在。

在很长的时间里，人们对她的故事一无所知，连医学研究者都不知道海瑞塔·拉克斯这个名字，更不要说普通人。研究者只知道她的细胞叫做海拉细胞，据说，"你随便走进世界上任何一间做细胞培养的实验室,拉开冰柜,肯定能看到装着海拉细胞的小管子,里边至少有几百万甚至几十亿个细胞"。据说,她的细胞在第一次太空任务中就飞入太空,而利用海拉细胞开展的研究,造福了人类,比如促成了脊髓灰质炎疫苗的诞生,治疗白血病、血友病、疱疹的药的诞生等等,还帮助化学疗法、克隆技术、基因图谱的研究……这么说吧,人类基础医学研究广泛使用着海拉细胞,有人估算,如果将人们养过的所有海拉细胞堆在一起,将重达5000万吨,而单个细胞几乎是没有重量的。

海拉细胞为什么会有这么广泛的使用?为什么它叫海拉细胞?海瑞塔·拉克斯是谁?

海拉细胞的主人,就是海瑞塔·拉克斯,是一位美国黑人女性,1920年出生,1951年死于宫颈癌。在发现身体异常之后,她在离家不远的霍普金斯医院就医,后来在这家医院去世。当时霍普金斯有位医生,致力于研究宫颈癌的治疗方法,他收集了当时在霍普金斯医院就医的所有罹患宫颈癌妇女的宫颈切片,里面也包括了海瑞塔·拉克斯的。他把这些给了霍普金斯医院组织培养研究组的负责人,看看能不能做进一步的培养。而这位负责人当时也致力于进行体外培养恶性细胞，想要找出癌症的发生原因。

那个年代医学伦理的缺陷，让这一切进行得仿佛"顺其自然"，完全不用获得病人的额外同意。在他俩看来，培养海瑞塔·拉克斯的细胞，就是他们日常工作的一部分。它的命运，或许就像他们以往收集、培养过的所有细胞一样普通，然而，这一次，一切都变了。

在遇到海瑞塔的细胞之前，研究组做的所有体外细胞培养，都是以失败告终的，那些细胞在营养液里最多活上几天，最终难逃死亡命运。研究组的助手在装着海瑞塔·拉克斯细胞的试管上写了个简称"海拉"，没过几天，助手发现，这一管叫"海拉"的细胞，不断神奇地生长着，每24小时数量就增加一倍，只要有营养和温暖的环境，就可以不断分裂！在观察了一段时间之后，研究组的负责人告诉同事们，他们可能培养出了"人类历史上第一种永远不死的人类细胞"，同行要求拿点回去做研究，而研究组也爽快答应了。就这样，海拉细胞走出实验室，走向一个又一个的实验机构。

海拉细胞的存在，让很多基础医学研究不用在动物活体上进行,现在的认知是这样可以保护动物,但当时的认知却是可以节省实验成本。总之,海拉细胞飞速地在实验机构之间流转,到了世界各个角落。尽管后来医学研究者还培养出了其他细胞系,但使用最广、对人类贡献最大的,是海拉细胞。

认识海拉细胞不难,认识海瑞塔·拉克斯却很难。作者查阅了大量资料,走访当事人,尤其是海瑞塔的家人,试图还原海瑞塔的一生。对医院来说,海瑞塔是一位非常普通的病人,留下来的资料只是片言只语。读完这本书后我发现,海瑞塔的家人,才是让"海拉细胞"或"海瑞塔"这些名字真正释放温度的那些人。

海瑞塔去世的时候,二儿子桑尼四岁,小女儿黛博拉才一岁多,小儿子宰凯利亚更小。他们从那之后便生活在父亲新女友的虐待下。多年后,作者几经辗转联系上他们,提出采访请求。子女们时而拒绝时而同意,内心非常矛盾。当他们听说母亲的细胞还存活在世界上,并且给很多医疗机构带来了利益时,他们并非没想过,是不是可以申请得到一部分利益,但更多的是迷茫:既然妈妈的一部分还在,为什么那么多年,我们不能拥有她?小儿子说,"她的细胞也许确实帮了一些人，可我宁愿要我妈妈。要是她没这么被牺牲掉，我也许后来能长成一个好一点的人"。对孩子们来说，妈妈的一个拥抱，一场对话，一次抚摸，胜过一切。黛博拉始终在一本书里夹着母亲的一绺头发，想念妈妈的时候，那就是她唯一能得到的安慰。

当他们知道，那个年代的法律没法保护他们的权益，他们无法从母亲细胞的巨大经济利益中得到分毫的时候，他们最终选择坦然接受，感慨原来母亲的细胞救了世界上那么多人，"真是奇迹"！"我们不准备靠妈妈细胞赚钱，她在医学上帮助了那么些人，这特别好，我就希望历史能被讲出来，让人们知道我妈妈，海拉，就是海瑞塔·拉克斯。"

整本书里，有几个地方特别令人动容。一个是作者把一张海瑞塔细胞的照片送给小儿子，"他试着从各种角度观察照片……有一个瞬间，眼睛周围的黑眼圈似乎都消失了，他的身体也放松下来"，当他走回自己的住处时，手里依旧举着照片，"此时，他眼里除了妈妈的细胞，什么也没有"。还有一次，黛博拉去看实验室的冰柜，研究者告诉她试管里都是她妈妈的细胞，黛博拉不知所措地接过一管，随后将它轻轻贴在唇上……这些在幼年就失去妈妈的孩子,这些在照看者的虐待中长大的孩子,要怎样才能让内心平复下来?要怎样才能安抚那颗想拥有妈妈的心啊!

对于很多研究者来说,海拉就是个代号,他们对代号背后的故事一无所知。作者的这本书,就是想告诉世人,虽然海瑞塔的离世对孩子是巨大的打击,但是孩子们对她的想念,构成了海瑞塔故事的另一部分:她在世时,留下了宝贵的细胞;孩子们对这件事的理解与接受,则丰富了整个故事。

"对科学来说,这是最好的时代,因为这种奇特肿瘤诞生了海拉细胞……但对拉克斯女士和她抛下的家人来说,这无疑是最坏的时代……"世人理应知道海瑞塔的全部故事,知道她的家人的存在,知道她的孩子对整个世界的善意,这是她家人理应得到的补偿。

看了书后,我问一位从事基础医学研究的朋友,你知道你们实验室用的细胞是叫什么细胞吗?他很认真地告诉我,是叫海拉细胞,好像是来自一个叫海瑞塔的女人。那一刻,我很开心,海拉细胞是永生的,正如海瑞塔·拉克斯这个名字,也应该是永生的一样。

> 每个人自己就是最好的批评家。不管学者们怎么评价一本书,不管他们怎样异口同声地竭力颂扬,除非这本书使你感兴趣,否则它就与你毫不相干。

《阅读是一座随身携带的避难所》:生命之美

很多作家本身也是阅读爱好者,在这些人中,毛姆是非常典型的一位。

他对阅读的兴趣可以用"狂热"来形容:年纪很小时就开始看书,阅读量极大;成年后每天花在阅读上的时间更多,会同时开看四五本书,甚至每天不同时段都有不同的阅读习惯——早上看哲学类和科普类作品,因为那时的脑子最为清醒;在忙完事情放松时看历史散文传记类作品;除了这些,他还时常会看诗集,随手翻阅。

毛姆写的读书随笔，幽默而"毒舌"。诸多文学巨匠的作品与生平在他的笔下，有趣而生动，正如他对好小说的评价，"有趣"始终是标准。一部好小说应该具有哪些特性？毛姆的回答是，第一，主题应该能够引起读者广泛的兴趣，不仅要让教授、批评家感兴趣，还要让普通男女都感兴趣，也就是让"贩夫走卒引车卖浆者"都感兴趣。其次，它的主题应该能够引起读者持久不衰的兴趣。最后，一部好的小说必须引人入胜。他说《一千零一夜》里面的山鲁佐德如果不是靠着那些神奇的故事，而是靠刻画人物的话，早就被砍掉脑袋了。

在这样严格又有点偏执的标准下，他的评论就变得不客气起来。

比如他说，阅读理应是享受的，但自己不能摸着胸口说，在读乔治·艾略特的《亚当·彼得》的时候，阅读过程是享受的。当他读完最后一页的时候，心中颇是舒了一口气（如此耐着性子才能看完这本书，这本书该有多不好看）。

再比如说，大多数人都会承认普鲁斯特的《追忆似水年华》，是 20 世纪最伟大的小说。他自己也承认，"宁愿被普鲁斯特的作品无聊死，也不要在其他作家的作品里去寻找阅读的乐趣"。但是在读过三遍之后,毛姆指出,普鲁斯特作品中有些部分并没有很高的阅读价值,甚至,他觉得《追忆似水年华》应该删除那些因为时间流逝而毫无价值的段落,只把一直能吸引人们的部分留下来——即便如此,《追忆似水年华》还是太长了。

他还说过,过去读者总是希望小说越长越好(因为花钱买了小说当然要读出本钱),所以作家们就耗尽心力地在自己所写的故事中添加更多的材料。于是,作家们发现了一条捷径,就是在小说中插入另一则小说,插入的内容,甚至像一个中篇小说那么长,但又跟整体的主题毫无关系……此时不客气的评论出现了——这种做法的代表就是《堂吉诃德》。尽管他也认为,塞万提斯的这部作品依然是优秀的。

对小说的评价与对作者的评价很难割裂,很快,毛姆就对同行们开了炮,比如狄更斯、司汤达,都被他称为不能摆脱自己影子的作家。当然,他也有自己敬佩的前辈,如短篇小说家莫泊桑,他称之为"我的老师"。毛姆在18岁前把莫泊桑最好的小说读了个遍,从模仿莫泊桑开始着手写作。但就短篇小说的成就来说,他更欣赏契诃夫,契诃夫进行的是关于生命的思考，同时可读性还很高。大家知道，毛姆始终强调，阅读的目的在于享受阅读，因此作品的趣味性、可读性就成了最重要的标准。这种有趣不体现在批评家的分析中，只在于读者自己获得的乐趣和教益，甚至，读者可以因为阅读的无趣而放弃一本人人都说好的书，这种放弃，没什么见不得人的。

毛姆心中最伟大的小说家是巴尔扎克，但并不认为巴尔扎克是一个有趣的人；他认为最伟大的小说是托尔斯泰的《战争与和平》。对大多数读者来说，阅读这部小说是个体力活，小说当中有大约五百个人物，读者在接受一组又一组的人物信息时不免担心漏掉什么线索，再加上人物名字的长度也会加重这份慌张，但作品对人物关系的巧妙安排与过渡，最终会让读者卸下重负。

毛姆不回避他对一些作家的喜爱，但即便如此，他带点挖苦的幽默也会时不时冒出来。他很欣赏简·奥斯汀，幽默有趣，但也实事求是地说，简·奥斯汀在虚构不寻常的事情方面并没有天分。在说到简·奥斯汀公开出版的书信集时，他说自己非常怀疑，这些作家最初在写这些信的时候，是不是已经抱着将它们批量印刷出版的想法,"因为这些书信完全可以直接发表在文学杂志的专栏里,一个字都不用改"。简·奥斯丁是这样,狄更斯也是这样,外出旅行,他总要给朋友写信。这些信,给后世为他作传的人提供了诸多的便利,这是有意而为吗?说到给朋友的书信,我想起了雨果的《法国和比利时游记》,他给朋友写这些书信的时候也是想着要出版的吗?

作为一名狂热的阅读爱好者,除了读各种小说之外,毛姆还非常热爱阅读哲学作品。自从听过库诺费舍的一次讲座之后,他就进入了哲学世界,发现了其中的美妙。读了一本又一本哲学家的著作之后,他认为,没有一本书能够让他读完之后一劳永逸。于是,他决定,这本书应该由他自己来写。但是随着阅读的深入,他逐渐发现,要完成这样的一部著作,可能要用几十年的时间准备,再用漫长的时间写作,等他写完,恐怕已经是一位"人生七十古来稀"的人了。看到这一段,我笑出声来,聪明如毛姆,也不得不同意:写作小说跟写作一部哲学作品,是很不一样的。

别看毛姆在评论很多名家生平及其作品的时候,常常流露出刻薄的一面，其实他并非对他们没有敬意，只是向伟大的人物表达敬意的方式是"不去神化他们，而是将他们视作与我们同时代的故人，与他们亲密无间"。此外，一位作家是不是能够始终保持自己的独特性，决定了作家在读者心中有没有自己的地位。名家的优点以及缺点，共同组成了他们不可替代的独特性，而正是这种独特性，成就了他们的作品的伟大。一部作品的"有趣"固然重要，但有趣与无趣相交织，才构成了一部作品的全部，如他最后所说，"生命的美，别无其他，不过是顺应天性，做好分内之事罢了"。

> 插图所绘节庆活动上溯先秦两汉,近至明清时期,生动古朴、细节丰富;考述文字则从诸如《荆楚岁时记》《东京梦华录》《梦粱录》等典籍中辑录简明记载,时或引用历代文人墨客的相关诗作,以说明某一习俗之源流与变迁。

《古代风俗百图》:
回望来时路

过节,是生活中重要部分。有些古代习俗流传至今,生命力超强,而有一些习俗已经少有人知。节日的过法,也一直在演变,有的节日合并了,有的节日消失了。《古代风俗百图》用一百幅图,留下了风俗演变的足迹。我手上的这本,是以1992年连环画大师王弘力先生彩色插图为基础,配以风俗竹枝词一首、风俗源流考述一段,重新推出的新版。

中国地广物博,各地风俗也各有千秋,这一百幅图其实只是其中的一部分,却犹如草蛇灰线,让有心人自己去寻找更多风俗拼图的板块。

除夕放爆竹,这已是人人皆知的习俗,不过话说回来,随着这几年的城市禁燃禁放,大概这千年习俗也会渐渐退出人们视野。除夕过完是正月初一,很多行当一年之中,恐怕只有正月初一才能休息。我们家乡习俗是正月初一不能洗碗,不能搞卫生,因为簸箕扫把抹布辛苦了一年,也只有这一天,才能够让它们休息——某种程度上,它们休息,就是让家庭主妇休息。

古时候,正月初一就开始出门拜年。怎么个拜法呢?像宋代,就用名片拜年,称为"飞帖",而各家门前还会贴一个红纸袋,上面写着"接福",就可以把拜年的飞帖放在里边。以现在的眼光看,大概就是明信片、贺年卡的意思。这个习俗从宋传至明清。正月初一吃的东西也特别。像隋、唐、宋、明都有记载吃"五辛盘",也就是"春盘"。不同朝代、不同地方,春盘的组成不同,总之春盘里面有不少菜略微带点辛辣味儿。古人相信辛辣的食物杀菌驱寒,对健康有好处。

到了正月十五,赏灯是各地都有的风俗。我们家乡有舞龙灯的传统,龙灯各式各样,有草扎的,有板凳龙,四里八乡，每个村或镇出一条龙。龙灯的设计好坏既能体现一个地方过去一年的经济收成，也能体现这个地方的审美。每到舞龙灯，就是小孩子最开心的日子。可以这么说，小时候过年，过完头上最热闹的几天，就盼着元宵节，为的就是那一晚看龙灯。

不同地方元宵的风俗不同，茧卜、猜灯谜、请紫姑、登高，各有特色，总之这一天的活动，宗旨还是为来年祈福，祈祷一切顺利。

正月过完，到了农历二月，上来就是一个很热闹的节日：二月初二，传说是土地爷的生日。现在的人都说，二月初二龙抬头，憋了一个正月没剪的头发，要去好好打理一下。在古代，很多地方的人在这一天是要吃炒豆子的，也是希望来年五谷丰登。过去的人们，一直到过完这一天，年才算是彻底过完。真奢侈啊，一个来月的时间都是"过年"，可不像现在，年初六一到，感觉这个"年"就结束了。若说现在年味淡了，其中一项应该也包括，"年"的时间太短了。

农历三月，春风渐起，万物复苏，整个世界开始变暖，人的活动也多了起来。这是踏青的好时节，非常适合邀朋呼友地出去玩。于是来了个热闹的节日——上巳节。这个节日有一个情节很特别，就是要洗澡。按习俗，洗澡可以洗掉一身的晦气，好好迎接接下来这一年。"浴乎沂……咏而归"，高高兴兴洗个澡过节，快快乐乐哼着歌儿回家去。其实想想，农历三月，不少地方还挺冷的，在户外洗澡，没有强健的体魄倒容易生病。女性在上巳节也有自己聚会的方式，斗草、放风筝，都是这个节日流行的游戏。这样的节日，男女通用、老少咸宜，所以从前就很受欢迎。

上巳节后，就是寒食跟清明。以前寒食节是很重要的，清明反而没那么重要。寒食节主打冷食、祭祖，清明主打踏青，随着时间推移，两个节日渐渐合二为一，清明就把祭祖、踏青的任务承包了，成了一个祭拜祖先，顺便出游，呼吸新鲜空气的节日；继而衍生出了很多节目，比如荡秋千，蹴鞠，放风筝。

人们踏青时，还有插柳的习俗，就是家家以柳条插在门上，唤作"明眼"。后来妇女也将柳条戴在头上，还有谚语说，清明不戴柳，红颜变皓首。据说戴柳圈可以去毒，小时候出去踏青，也曾编成柳圈，戴在头上，当时只觉得好玩，觉得满目青绿应景,不知道其实古人以此为风俗。

五月初五,就是端午节,此时要吃粽子。手巧的人,会做出很小很小的粽子,编成一串,挂在小朋友的身上,也是祈福避祸的意思。老百姓则将艾草或菖蒲挂于门上以避毒气。其实在唐朝,菖蒲还可以用来酿酒,性温味辛,据说对胃和肺都有好处,可以延年益寿。端午时节家里还要挂上钟馗的画,取钟馗抓鬼辟邪之意。

到了七月七,三伏天,大太阳,那可就是人们晒书的好时节。在这个季节晒书,晒衣服,可以保证不生虫蠹。到了七夕,乞巧的方式有很多,其中一种丢巧针,拿一碗水放在太阳下,女子各自投出小针浮在水面,再来看水底的影子。有的形状如花,灵动如云,细的如线,粗的如椎,以此来卜女子的巧和拙。其实七夕节不属于女子,男子也有忙碌之事,比如说在清代台湾地区,男子在这一天要忙着杀狗祭魁星。魁星是点取状元之神,祭拜他,无非就是求得科举高中,官运亨通。

中元节这天要放湖灯,就是在小板上将彩纸做成荷花的形状,中间点蜡烛,传说水上放灯是为亡魂引路。话虽如此,古时候的人同样可以将中元节过成一个节日。黄昏以后,大街小巷会有儿童以荷叶燃灯,满大街游走。元明清三代都有这样的习俗,更有诗云,"万树凉生露气清,中元月上九衢明。小儿竞把青荷叶,万点银花散火城"。一个透着凉气的节日竟也热闹起来。有的地方这一日会用鸡冠花供祖,因为这样的风俗,鸡冠花一度价贵,直到有更多人种植,才便宜下来。

人们都知道,中秋节合家团聚,赏月、吃月饼,仿佛除此之外就没有其他内容了,其实以前中秋节风俗很多的。比如有的地方,女性在这一晚要去"走月亮"。一般是女子结伴在月下游玩,互相走访,拜拜佛庵,举办文艺活动,是很特别的"户外沙龙",比单纯赏月更有趣。

重阳之后是寒衣节,给家人准备好御寒的冬衣,寒冷的冬季就开始了。之后漫长的两个月里,没有太多节庆或习俗,就跟现代人的感受一样,国庆长假一过,差不多三个月的时间里过不上什么节,古今人们同理,仿佛憋足了劲儿,等待春节的到来。

腊月一到,新年在望。腊月里做的事,都是在为新年做准备。到了腊八这一日,家家都要舂米,小时候闻过的舂米时的香味,至今能回忆起来。腊八节吃腊八粥的风俗,来自南北朝时佛教寺院腊月初八吃七宝五味粥的影响。只不过在不同的时代,腊八粥的内容不一样。有的地方,腊八粥里就只有豆;有的地方,得用黄米白米江米小米菱角米等等,和枣泥烧在一起,另外还要用果干、坚果、白糖等等来做装饰点染,特别精美。这就好比汤圆有荤有素、豆腐脑有甜有咸一样,各地有各地的做法,而恰恰是这"不同",才是真味。

过了腊八,除夕临近,人们开始互赠礼物。北宋时这种互赠礼物的行为叫"馈岁"。走在路上,也常常可以看到挑担者给别人送酒肉,称为"送年盘"。我家乡人在年前,也要去给亲朋好友家里送年货,叫作"担时节"。"送年盘"与"担时节",天然对仗。文化的呼应总是这么有意思。"担时节"不是非要成担成挑,心意到了就成,只是一定要年前送到,就像流行语说"拜早年"一个意思。

年前最忙的一件事情就是祭灶。腊月二十三或二十四,小年夜,这一天要在灶王像前供糖果和吃食,然后把旧的灶王像烧掉,也就是"送灶",希望灶神上天之后,能够在玉帝面前多说说这户人家的好话,来年多赐福。而到除夕这一天,要买新的灶王画像供上,也就是"迎灶"。据说在不少地方还有男不拜月,女不祭灶的风俗,也是有点意思。

祭灶时,很多地方的做法是用饴糖来涂灶神之口,让灶神汇报的时候,说出来的话甜一点。买饴糖时,少不得孩子也在旁边蹭上几口,所以对孩子来说,过年总归是最开心的事,好吃的东西不少。在送灶的那几天,有的地方习俗是跳灶王,三五人扮成一组,有的扮成灶神的样子,有的负责伴奏,热热闹闹,挨家挨户地走一遍,跳一段儿。

送完灶王爷就要忙着贴门神了,等贴完门神。就要除夕守岁,给孩子发压岁钱,周而复始,一年又开始。

这本《古代风俗百图》,图画非常精美,就像小时候看的工笔连环画。文字内容,连着画的内容,一起带人回到了过去。小时候很盼望过节,不仅是为了吃的玩的,而是喜欢看大人在操持节庆事务时,忙来忙去的那种感觉,用现在的话说,那叫"仪式感"。生活如水,唯有节庆风俗给生活做上了标记与刻度。虽然在刻度里日子过得飞快,可也因着这标记,让日子留下了印记,没有这些印记,哪来日后的回忆。

后记

有作家说,自己写下的故事,就像是写给读者的一封封信,个体虽如孤岛,但收到信,孤岛不孤;又有作者说,一部作品,只有在读者读完它的时候,它才算是真正完整。每部作品的后面,都站着一个或许多个灵魂,等着与读者相遇,等着由读者的阅读去完成整个故事,也等着让读的人看见读者自己。

我一直在享受做读者的快乐,在《书单更新》出版之后,也感受到了作者的快乐。过去一年多,常有机会跟读者交流,这是爱书人与爱书人的相逢。每次看到他们眼中的光,我总是心里一动,我在面对他们时,或许也是这样的眼神。

阅读是自己与他人、与自己的对话,我们用阅读来陪伴自己,认识自己,在阅读的世界里不断蜕壳、告别、向前。《书单思维》里的这些读书笔记,如能成为一扇窗,得以让路过的读者看到一本书的风景,那是我的幸运。如果读者更有兴趣,不满足于在窗外观看,而是进入大门、沉浸其中,那读者也就拥有了自己的书单。

感谢先生和孩子的支持,感谢朋友们的帮助。愿阅读让我们找到彼此,愿阅读让我们无论相隔多远的距离,都仿佛认识彼此。